Projeto Buriti

BURITI MATEMÁTICA 4

Caderno de Atividades

Com RESUMO dos conteúdos

Organizadora: Editora Moderna
Obra coletiva concebida, desenvolvida e produzida pela Editora Moderna.

Editora Executiva: Marisa Martins Sanchez

3ª edição

MODERNA

© Editora Moderna, 2013

MODERNA

Elaboração de originais

Andrezza Guarsoni Rocha
Licenciada em Matemática pela Universidade de São Paulo. Editora.

Daniela Santo Ambrosio
Licenciada em Matemática pela Universidade de São Paulo. Editora.

Diana Maia de Lima
Mestre em Educação Matemática pela Pontifícia Universidade Católica de São Paulo. Editora.

Mara Regina Garcia Gay
Bacharel e licenciada em Matemática pela Pontifícia Universidade Católica de São Paulo. Professora em escolas públicas e particulares de São Paulo, por 17 anos. Editora.

Maria Cecília da Silva Veridiano
Licenciada em Matemática pela Universidade de São Paulo. Editora.

Thais Marinho Ramalho de Souza Garcia
Licenciada em Matemática pela Universidade Presbiteriana Mackenzie. Professora em escolas particulares de São Paulo.

Coordenação editorial: Mara Regina Garcia Gay
Edição de texto: Andrezza Guarsoni Rocha, Daniela Santo Ambrosio, Diana Maia de Lima, Mara Regina Garcia Gay, Patricia Nakata
Assistência editorial: Kátia Tiemy Sido, Marceli Megumi Hamazi Iwai
Preparação de texto: Renato da Rocha Carlos
Coordenação de *design* e projetos visuais: Sandra Botelho de Carvalho Homma
Projeto gráfico: Ana Carolina Orsolin, Flávia da Silva Dutra, Marta Cerqueira Leite
Capa: Marta Cerqueira Leite
 Ilustração: D'Avila Studio
Coordenação de produção gráfica: André Monteiro, Maria de Lourdes Rodrigues
Coordenação de arte: Rodrigo Carraro Moutinho
Edição de arte: Alexandre Cabral Benites
Editoração eletrônica: Grapho Editoração
Ilustrações: Adilson Secco, Artur Fujita, Danillo Santos, George Tutumi, Paulo Manzi, Vanessa Alexandre, Waldomiro Neto, Marcio Gerra
Ilustrações de vinhetas: D'Avila Studio
Coordenação de revisão: Elaine C. del Nero
Revisão: Nair H. Kayo
Coordenação de pesquisa iconográfica: Luciano Baneza Gabarron
Pesquisa iconográfica: Carol Böck, Erika Freitas, Fernanda Siwiec
Coordenação de *bureau*: Américo Jesus
Tratamento de imagem: Arleth Rodrigues, Bureau São Paulo, Marina M. Buzzinaro, Wagner Lima
Pré-impressão: Alexandre Petreca, Everton L. de Oliveira Silva, Fabio N. Precendo, Hélio P. de Souza Filho, Marcio H. Kamoto, Rubens M. Rodrigues, Vitória Sousa
Coordenação de produção industrial: Arlete Bacic de Araújo Silva
Impressão e acabamento: Corprint Gráfica e Editora Ltda.
Lote: 208620

Créditos das fotos
(da esquerda para a direita, de cima para baixo)

Reprodução das cédulas e moedas:
© Banco Central do Brasil

p. 6 Jacek/Kino;
p. 32 Barbara Bonisolli/StockFood Creative/Getty Images (canudo); Lindasj22/Shutterstock (casa); Dorling Kindersley/Getty Images (telescópio)
p. 87 Photodisc/Getty Images
p. 91 Giuseppe Bizarri/Folhapress (Oscar Niemeyer); TopFoto/Grupo Keystone (John Baird e sua invenção); Marcello Mencarini/Leemage/AFP (automóvel); Bianchetti/Leemage/Other Images (telefone)

Dados Internacionais de Catalogação na Publicação (CIP)
(Câmara Brasileira do Livro, SP, Brasil)

Projeto Buriti matemática : caderno de atividades / organizadora Editora Moderna ; obra coletiva concebida, desenvolvida e produzida pela Editora Moderna. — 3. ed. — São Paulo : Moderna, 2013. — (Projeto Buriti)

Obra em 5 v. para alunos do 1º ao 5º ano.

1. Matemática (Ensino fundamental).

13-04655   CDD-372.7

Índices para catálogo sistemático:
1. Matemática : Ensino fundamental   372.7

ISBN 978-85-16-08848-4 (LA)
ISBN 978-85-16-08849-1 (LP)

Reprodução proibida. Art. 184 do Código Penal e Lei 9.610 de 19 de fevereiro de 1998.
Todos os direitos reservados
EDITORA MODERNA LTDA.
Rua Padre Adelino, 758 - Belenzinho
São Paulo - SP - Brasil - CEP 03303-904
Vendas e Atendimento: Tel. (0_ _11) 2602-5510
Fax (0_ _11) 2790-1501
www.moderna.com.br
2017
Impresso no Brasil

1 3 5 7 9 10 8 6 4 2

Esta é a apresentação do caderno.

Fizemos este Caderno de Atividades para reforçar e expandir ainda mais seus conhecimentos em Matemática.

Aqui você vai encontrar atividades variadas, distribuídas em nove unidades, da mesma forma que no seu livro.

No início de cada unidade, na seção **Para Recordar**, há um resumo dos pontos principais, e no fim há a seção **Quebra-cuca**, para você se divertir enquanto aprende. Confira!

Os editores

Sumário

UNIDADE 1. Sistemas de numeração 4

UNIDADE 2. Adição e subtração 16

UNIDADE 3. Geometria 25

UNIDADE 4. Multiplicação 36

UNIDADE 5. Divisão 47

UNIDADE 6. Grandezas e medidas 58

UNIDADE 7. Números na forma de fração 67

UNIDADE 8. Números na forma decimal 77

UNIDADE 9. Mais grandezas e medidas 88

PARA RECORDAR — UNIDADE 1: Sistemas de numeração

Alguns números egípcios

I	II	III	IIII	IIII / I	IIII / II	IIII / III	IIII / IIII	IIII / IIII / I	∩	℘	𓆼
1	2	3	4	5	6	7	8	9	10	100	1 000

Alguns números romanos

I	III	VI	IX	X	XIV	XL	L	C	D	M
1	3	6	9	10	14	40	50	100	500	1 000

Nosso sistema de numeração

Nosso sistema de numeração é chamado **indo-arábico**.

Os símbolos desse sistema, chamados de algarismos ou dígitos, são:

0	1	2	3	4	5	6	7	8	9

Números de seis algarismos – ordens e classes

2ª classe ou classe dos milhares			1ª classe ou classe das unidades simples		
6ª ordem	5ª ordem	4ª ordem	3ª ordem	2ª ordem	1ª ordem
centenas de milhar	dezenas de milhar	unidades de milhar	centenas	dezenas	unidades
2	3	1	8	4	1

A ordem de grandeza do número 231 841 é a centena de milhar.

Lemos ▶ Duzentos e trinta e um mil oitocentos e quarenta e um.

Arredondamentos

- Para a centena mais próxima: 678 ▶ 700
- Para a unidade de milhar mais próxima: 5 891 ▶ 6 000
- Para a dezena de milhar mais próxima: 23 579 ▶ 20 000
- Para a centena de milhar mais próxima: 387 342 ▶ 400 000

Comparações

Menor que
↓
321 518 < 321 620

Maior que
↓
132 701 > 131 514

Sistema de numeração egípcio

1 Ligue cada número egípcio com o número correspondente do nosso sistema de numeração.

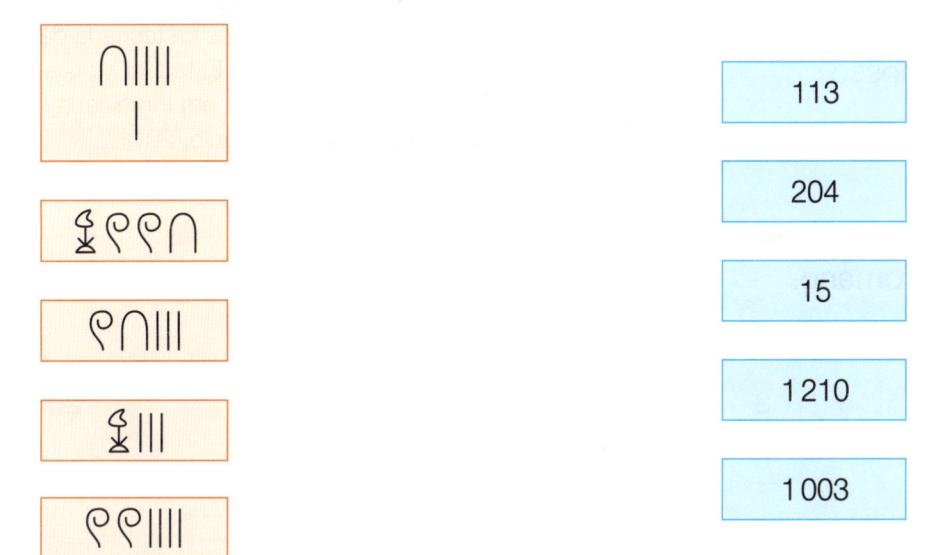

∩||||| |

𓆼 𓏲 𓏲 ∩

𓏲 ∩ |||

𓆼 |||

𓏲 𓏲 ||||

113

204

15

1210

1003

2 Escreva com números egípcios.

a) 12 ▶ _____   d) 138 ▶ _____

b) 25 ▶ _____   e) 354 ▶ _____

c) 87 ▶ _____   f) 1312 ▶ _____

3 Complete o quadro.

Números com símbolos egípcios	Números com nossos símbolos
𓆼𓆼 𓏲𓏲 ∩∩ |||	
	1051
𓏲𓏲 ∩∩∩∩ ||||| |||	
𓏲𓏲𓏲𓏲𓏲 ∩		

Sistema de numeração romano

1 Responda às questões.

Qual é o número indicado na fachada da escola? Escreva-o no sistema de numeração romano e no nosso.

_____

Inscrições com números romanos na fachada da Escola Estadual Morais Barros, em Piracicaba, São Paulo, 2011.

2 Ligue cada número do nosso sistema de numeração com o correspondente número romano.

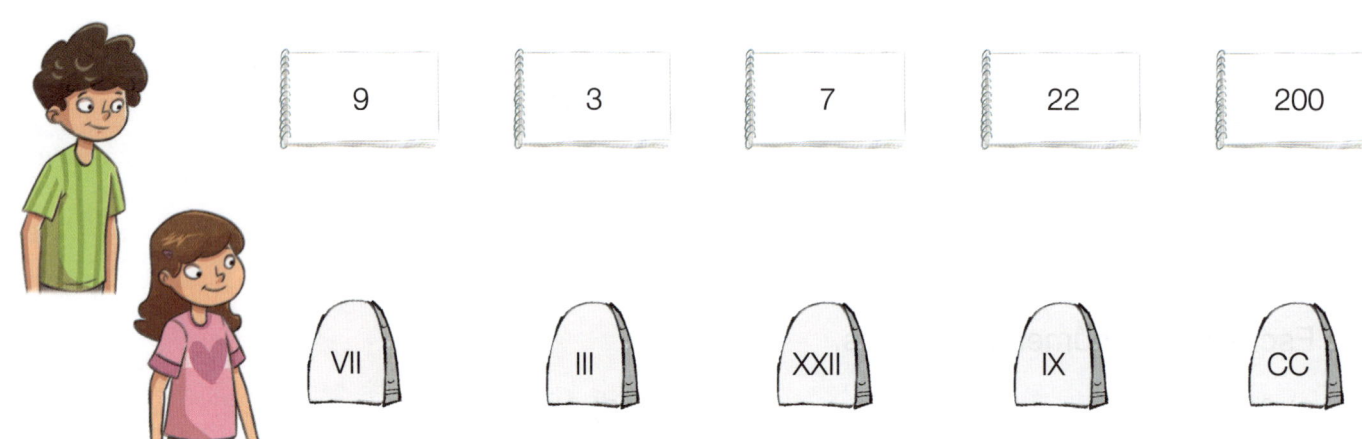

| 9 | 3 | 7 | 22 | 200 |

| VII | III | XXII | IX | CC |

3 Marque com um **X** o quadradinho correspondente à forma correta de escrever cada número no sistema de numeração romano.

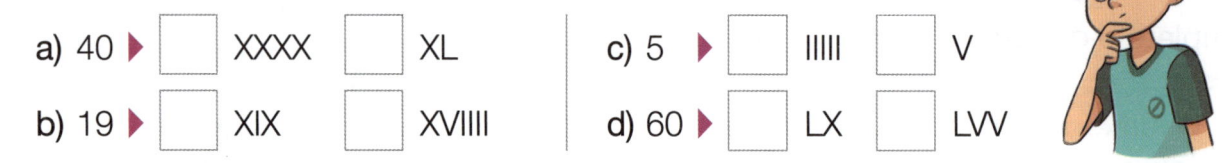

a) 40 ▶ ☐ XXXX ☐ XL

b) 19 ▶ ☐ XIX ☐ XVIIII

c) 5 ▶ ☐ IIIII ☐ V

d) 60 ▶ ☐ LX ☐ LVV

4 Escreva cada número usando algarismos romanos.

a) 200 ▶ _____

b) 70 ▶ _____

c) 28 ▶ _____

d) 45 ▶ _____

e) 720 ▶ _____

f) 2 008 ▶ _____

5 Resolva o problema.

Depois dos créditos de alguns filmes o ano de produção aparece em algarismos romanos. Certo filme foi produzido em MCMLXXXIII. Em que ano esse filme foi produzido?

_____

Sistema de numeração indo-arábico

1 Responda às questões.

a) Escreva os 10 símbolos do sistema de numeração indo-arábico.

_____

b) Qual é o maior número que podemos formar com dois algarismos? _____

c) Qual é o menor número que podemos formar com três algarismos? _____

d) Qual é o maior número de quatro algarismos que podemos formar usando os algarismos 7, 0, 9 e 4 sem repeti-los? _____

e) Quais números de três algarismos podemos formar usando os algarismos 3, 5 e 7 sem repeti-los? _____

2 Escreva o número representado em cada ábaco. Lembre-se de que:
UM – unidade de milhar, C – centena, D – dezena e U – unidade.

- Agora, represente no ábaco o maior número que podemos formar com quatro algarismos.

    Depois, registre-o com algarismos.

3 Resolva o problema.

Marcos vende copos descartáveis por centena.
Um de seus clientes encomendou 7 centenas de copos.
Quantas unidades de copos descartáveis Marcos deverá entregar para esse cliente? _____

Valor de cada algarismo em um número

1 Decomponha os números considerando o valor posicional de cada algarismo.

a) 823 = _____ + _____ + _____

b) 3 861 = _____ + _____ + _____ + _____

c) 5 579 = _____ + _____ + _____ + _____

2 Responda às questões.

a) Qual é o maior número que podemos formar com 3 algarismos? _____

b) Qual é o menor número que podemos formar com 3 algarismos diferentes?

_____

c) Qual é o maior número que podemos formar com 3 algarismos diferentes?

_____

3 Componha cada número escrevendo-o apenas com algarismos.

a) 4 unidades de milhar, 2 centenas, 5 dezenas e 1 unidade ▶ _____

b) 8 centenas e 1 unidade ▶ _____

4 Escreva o valor do dígito 7 em cada número.

a) 173 ▶ _____   c) 7 521 ▶ _____

b) 725 ▶ _____   d) 3 267 ▶ _____

5 Observe os números nos quadros abaixo e classifique cada frase em verdadeira (**V**) ou falsa (**F**).

| A | 1783 | | B | 3871 | | C | 7318 | | D | 8731 |

☐ O número do quadro D é o maior de todos.

☐ Decompondo o número do quadro C, obtemos 700 + 30 + 10 + 8.

☐ O número do quadro B é maior que o do A.

O número 10 000 – a dezena de milhar

1 Ligue um número do quadro azul com um número do quadro laranja de forma que, juntos, formem uma dezena de milhar.

Azul	Laranja
9 997	9 970
8 500	4 000
9 600	3
6 000	1 500
30	400

2 Complete o quadro.

30 000	trinta mil	3 dezenas de milhar
70 000		
	sessenta mil	
		4 dezenas de milhar

3 Faça o que se pede.

Renata e Fabiano querem comprar um carro que custa 20 000 reais. Cada um contribuirá com 10 000 reais. Veja a quantia que cada um tem.

Eu já tenho 8 850 reais.

Eu tenho 7 500 reais.

Escreva quanto falta para cada um completar a quantia necessária.

Para Renata faltam _____ reais e para Fabiano faltam _____ reais.

Números de cinco algarismos

1 Escreva os números por extenso.

a) 35 793 ▶ _____

b) 74 815 ▶ _____

c) 81 600 ▶ _____

d) 40 702 ▶ _____

2 Descubra a regra e complete as sequências.

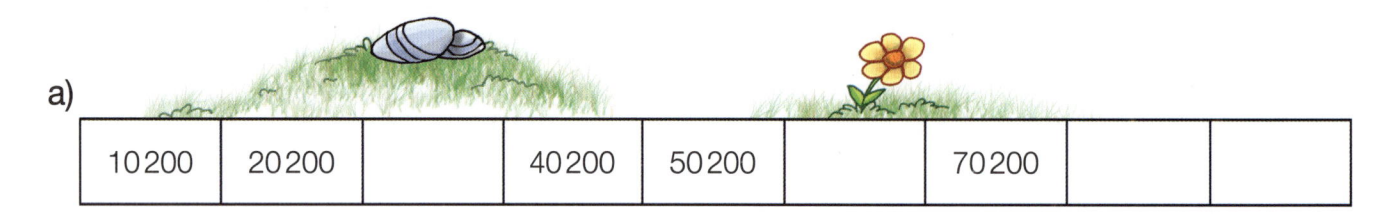

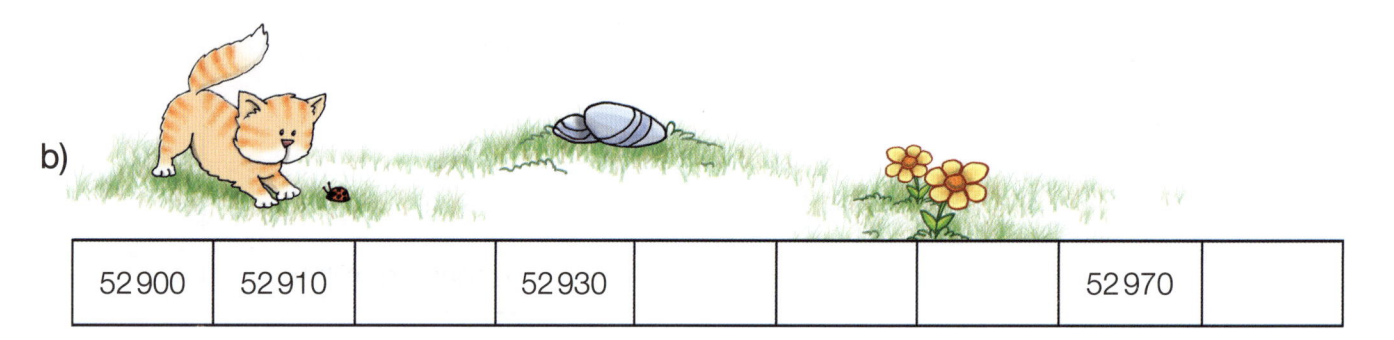

a)

| 10 200 | 20 200 | | 40 200 | 50 200 | | 70 200 | | |

b)

| 52 900 | 52 910 | | 52 930 | | | | 52 970 | |

3 Faça o que se pede.

As parcelas de decomposição de um número estão expressas nos balões. Descubra que número é esse.

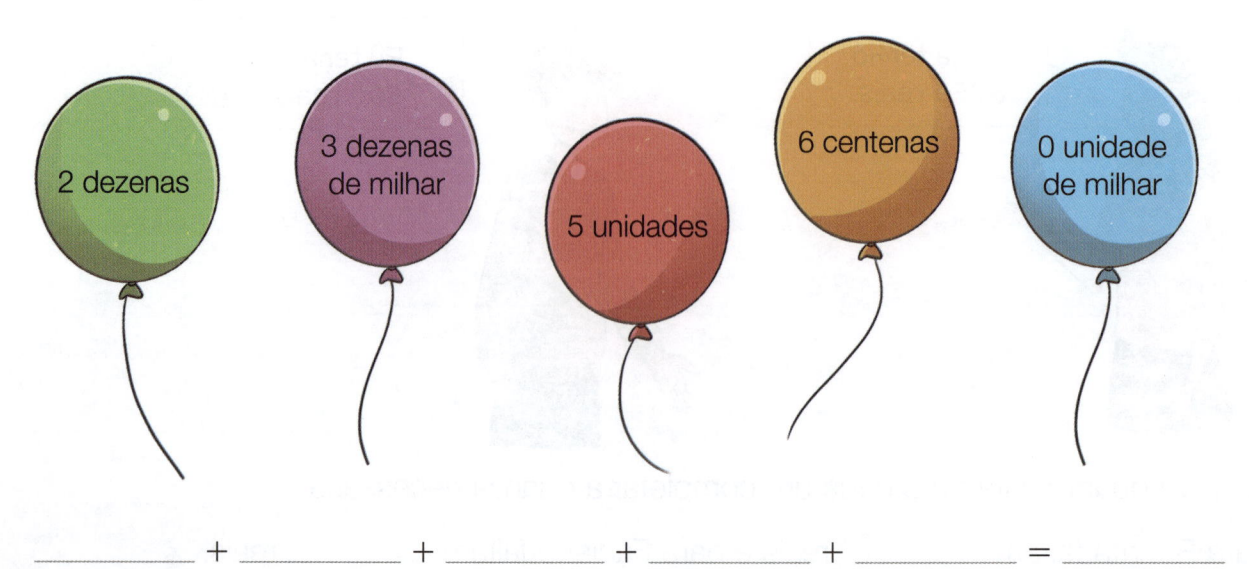

- 2 dezenas
- 3 dezenas de milhar
- 5 unidades
- 6 centenas
- 0 unidade de milhar

_____ + _____ + _____ + _____ + _____ = _____

Centena de milhar e números de seis algarismos

1 Decomponha os números considerando o valor posicional de cada algarismo.

a) 235 918 = _____ + _____ + _____ + _____ + _____ + _____

b) 815 621 = _____ + _____ + _____ + _____ + _____ + _____

c) 203 912 = _____ + _____ + _____ + _____ + _____

d) 130 501 = _____ + _____ + _____ + _____

e) 351 600 = _____ + _____ + _____ + _____

2 Observe o número do quadro e complete.

$$806\,150$$

a) Decomponha esse número adicionando o valor posicional de cada algarismo.

_____ + _____ + _____ + _____ + _____ + _____

b) O número do quadro é igual a: _____ + 1

c) Represente o número 806 150 no quadro e no ábaco.

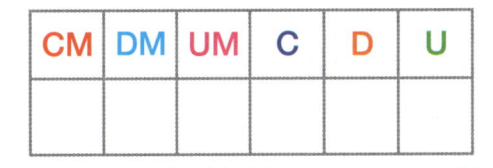

CM	DM	UM	C	D	U

3 Ligue os números que formam uma centena de milhar.

| 21 500 | 68 000 | 90 000 | 45 000 | 60 000 |

| 32 000 | 55 000 | 40 000 | 78 500 | 10 000 |

Números – ordens e classes

1 Faça o que se pede.

Em toda a sua carreira, um jogador de basquete fez 8 546 pontos.

a) Represente esse número no quadro.

6ª ordem	5ª ordem	4ª ordem	3ª ordem	2ª ordem	1ª ordem
centenas de milhar	dezenas de milhar	unidades de milhar	centenas	dezenas	unidades

b) Decomponha esse número considerando o valor posicional de cada algarismo.

_____

c) Qual é a ordem de grandeza desse número? _____

2 Responda à questão.

Como lemos o maior número com cinco algarismos que podemos formar?

_____

3 Marque **V** para verdadeiro e **F** para falso.

a) ☐ Se a ordem de grandeza de um número é a centena de milhar, então ele tem 6 algarismos.

b) ☐ Se os algarismos de um número estão agrupados em 2 classes completas, então ele tem 3 algarismos.

c) ☐ Um número de 3 algarismos é da ordem de grandeza das centenas.

d) ☐ O resultado da adição 99 000 + 100 é da ordem de grandeza das dezenas de milhar.

e) ☐ Os valores que variam de 8 000 reais a 20 000 reais são da ordem de grandeza das dezenas de milhar.

4 Corrija as frases falsas da atividade anterior.

_____

_____

_____

Comparações

1 Observe a tabela e responda.

População dos municípios em 2012

Município	População estimada em 2012
Monte Alegre (PA)	55 804
Rio Verde (GO)	185 465
Angra dos Reis (RJ)	177 101
Caxias do Sul (RS)	446 911
Igarassu (PE)	105 003

Dados obtidos em:
www.ibge.gov.br
Acesso em: 8 maio 2013

a) Qual desses municípios tinha a maior população em 2012? _____

b) Qual desses municípios tinha a menor população em 2012? _____

c) Escreva do menor para o maior o número de habitantes desses municípios.

_____

2 Complete com > (*maior que*) ou < (*menor que*).

a) 5 231 _____ 7 940

b) 39 501 _____ 39 491

c) 132 900 _____ 132 841

d) 245 502 _____ 245 509

e) 92 723 _____ 92 719

f) 157 800 _____ 157 799

• Agora, escreva todos esses números em ordem decrescente.

_____

3 Qual é o número desconhecido?

Leia as dicas e descubra qual é o número.

- Ele é um número com 4 ordens e é maior que 8 999.
- O algarismo das centenas é o antecessor do algarismo das unidades de milhar.
- O algarismo das unidades é 3.
- O algarismo das dezenas é o dobro do algarismo das unidades.

Arredondamentos

1 Complete a tabela com os arredondamentos pedidos.

População de municípios de São Paulo em 2012

Município de São Paulo	População estimada em 2012	Para a dezena de milhar mais próxima	Para a unidade de milhar mais próxima
Águas de Lindoia	17 438		
Guarujá	294 669		
Bragança Paulista	150 023		
São João da Boa Vista	84 584		

Dados obtidos em: www.ibge.gov.br Acesso em: 8 maio 2013

2 Resolva os problemas fazendo os arredondamentos indicados.

a) Uma fábrica de peças de automóveis produziu 8325 para-lamas em janeiro e, aproximadamente, a metade dessa quantidade em fevereiro. A previsão feita pelo gerente dessa fábrica havia sido de uma produção aproximada de 18 000 para-lamas para esses dois meses. A previsão do gerente foi alcançada? (Arredonde para a unidade de milhar mais próxima.)

_____

A previsão do gerente _____ foi alcançada.

b) Para a maratona de São Pedro foram abertos dois dias de inscrições. No primeiro dia foram realizadas 11 923 inscrições, e no segundo dia, 9 214 inscrições. Quantas inscrições, aproximadamente, foram feitas no total? (Arredonde para a unidade de milhar mais próxima.)

_____

Foram feitas, aproximadamente, _____ inscrições no total.

c) Carla depositou em sua conta um cheque no valor de novecentos e oitenta e quatro reais. Sua conta ficou com mil trezentos e vinte e sete reais. Quantos reais, aproximadamente, Carla tinha em sua conta antes do depósito desse cheque? (Arredonde para a centena mais próxima.)

_____

Carla tinha, aproximadamente, _____ reais em sua conta antes do depósito.

QUEBRA-CUCA

O enigma dos ovos

Descubra os números que faltam nos ovos enfileirados, observando o esquema e as dicas.

Ovos (linhas) → ninhos à direita:
- 6, 3, ☐ → 11
- ☐, ☐, 5 → 15
- ☐, 4, ☐ → 19

Ninhos abaixo das colunas: 15, 16, 14

Dicas
- Em cada ovo há um número de 1 a 9.
- Cada número escrito nos ninhos é a soma dos números correspondentes às fileiras de ovos horizontais ou verticais.

O dado

As faces do dado da figura abaixo foram numeradas de 1 a 6. Observe a posição dos números e marque com um **X** a figura que mostra o mesmo dado visto de outra posição.

Dado original: 6 (topo), 4 (frente esquerda), 5 (frente direita)

Opções:
- 5 (topo), 6 (direita), 4 (frente)
- 5 (topo), 4 (esquerda), 6 (direita), 5 (frente)
- 9 (topo), 4 (esquerda), 6 (direita), 5 (frente)
- 4 (topo), 6 (esquerda), 5 (direita)

15

PARA RECORDAR — UNIDADE 2: Adição e subtração

Adição e subtração por decomposição

Adição: 2 792 + 1 476

2 792		1 476		
2 000	+	1 000	=	3 000
700	+	400	=	1 100
90	+	70	=	160
2	+	6	=	+ 8
				4 268

Subtração: 4 624 − 2 451

4 624 ▶ 4 000 + 600 + 20 + 4
−
2 451 ▶ 2 000 + 400 + 50 + 1

Como não é possível tirar 50 de 20, fazemos outra decomposição:

4 624 ▶ 4 000 + 500 + 120 + 4
−
2 451 ▶ 2 000 + 400 + 50 + 1
= 2 000 + 100 + 70 + 3 = 2 173

Adição e subtração com o algoritmo usual

Adição: 2 792 + 1 476

```
  ¹ ¹
    2 7 9 2
  + 1 4 7 6
  ─────────
    4 2 6 8
```

Subtração: 4 624 − 2 451

```
    ⁵
    4 6̶ 2 4
  − 2 4 5 1
  ─────────
    2 1 7 3
```

Adição: trocando e associando parcelas

Em qualquer adição, quando alteramos a ordem das parcelas, obtemos o mesmo resultado.

312 + 153 = 465

153 + 312 = 465

312 + 153 = 153 + 312

Em qualquer adição, quando associamos as parcelas de formas diferentes, a soma não se altera.

(15 + 21) + 32 = 36 + 32 = 68

15 + (21 + 32) = 15 + 53 = 68

(15 + 21) + 32 = 15 + (21 + 32)

Relacionando três números por meio da adição e da subtração

Podemos relacionar os números 16, 21 e 37 por meio de duas adições e duas subtrações:

| 16 + 21 = 37 | 21 + 16 = 37 | 37 − 21 = 16 | 37 − 16 = 21 |

Adição e subtração: cálculo mental

1 Resolva o problema.

Paulo depositou 2 500 reais em sua conta bancária e ficou com 3 500 reais. Quantos reais Paulo tinha na conta antes de fazer o depósito?

Paulo tinha _____ reais antes de fazer o depósito.

2 Calcule mentalmente e procure os resultados no quadro.

a) 5 500 + 4 500 = ☐

b) 6 800 − 5 300 = ☐

c) 2 553 − 1 553 = ☐

d) 1 645 + 2 100 = ☐

2	2	3	5	8	4	1	0	5	9
5	3	9	3	2	9	6	8	3	4
7	7	8	0	4	1	5	0	0	4
1	4	7	6	8	5	6	7	4	2
4	5	6	7	6	1	0	0	0	8
0	1	5	2	0	9	2	0	8	6
2	2	3	7	4	9	7	1	6	2
1	0	0	0	0	5	2	4	9	0

3 Leia as dicas e calcule mentalmente a quantia, em reais, que cada uma das meninas tem.

◆ **Dicas**

- Fernanda tinha 248 reais, mas gastou 22 reais neste mês.
- Fabiana tem 203 reais a mais que Fernanda.
- Fátima tem 29 reais a menos que Fabiana.
- Flávia tem 120 reais a mais que Fátima.

Fernanda tem _____ reais, Fabiana tem _____ reais,

Fátima tem _____ reais e Flávia tem _____ reais.

Adição e subtração: arredondamentos e estimativas

1 Arredonde os números para a centena mais próxima.

a) 3 289 ▶ _____   c) 5 842 ▶ _____   e) 2 498 ▶ _____

b) 4 621 ▶ _____   d) 1 176 ▶ _____   f) 3 957 ▶ _____

• Agora, calcule o resultado aproximado de cada operação usando os arredondamentos.

3 289 + 5 842 ▶ _____ = _____

3 957 − 1 176 ▶ _____ = _____

2 498 + 4 621 ▶ _____ = _____

2 Arredonde os números para a centena mais próxima e responda à questão.

Rodrigo tinha 4 289 reais na poupança e tirou 2 979 reais para comprar um computador.

Quantos reais, aproximadamente, sobraram na poupança de Rodrigo?

☐ 1 000 reais.   ☐ 1 500 reais.   ☐ 1 300 reais.   ☐ 1 700 reais.

3 Leia e faça o que se pede.

Cíntia quer saber o resultado aproximado de 6 460 + 2 110. Ajude-a a fazer esse cálculo, respondendo às questões abaixo.

a) Observe a reta numérica abaixo. 6 460 está mais próximo de 6 400 ou de 6 500? _____

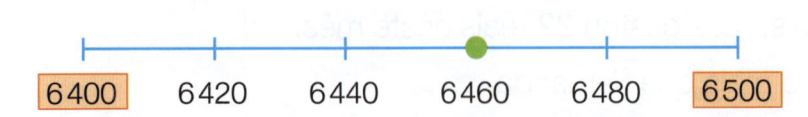

6 400   6 420   6 440   6 460   6 480   6 500

b) Qual é o arredondamento de 6 460 para a centena mais próxima? _____

c) Qual é o arredondamento de 2 110 para a centena mais próxima? _____

d) Qual é o resultado aproximado de 6 460 + 2 110, considerando os arredondamentos realizados? _____

Adição e subtração por decomposição

1 Calcule por decomposição o resultado de cada operação.

a) 7 539 + 5 267

b) 8 746 − 6 574

2 Observe a tabela e responda às questões.

a) Quantos chaveiros, no total, foram produzidos na fábrica de Heitor nos meses de março e abril?

Produção mensal de chaveiros

Mês	Quantidade
Março	7 549
Abril	6 826

No total, foram produzidos _____ chaveiros nesses dois meses.

b) Comparando os meses de março e de abril, quantos chaveiros foram produzidos a mais no mês de março na fábrica de Heitor?

Foram produzidos _____ chaveiros a mais no mês de março.

Adição com reagrupamento

1 Calcule o resultado de cada adição.

a) 4 8 1 4
  + 2 5 6 3
  ———————
    7 3 7 7

b) 6 3 2 2
  + 1 4 9 7
  ———————
    7 8 1 9

c) 2 7 2 5
  + 1 8 6 9
  ———————
    4 5 9 4

2 Complete as adições.

Cada quadrinho deve ser preenchido com um algarismo de modo que a adição fique correta. Descubra os algarismos que estão faltando.

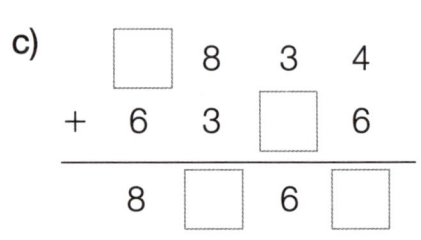

a)   2 [3] 5 [7]
   + 5 9 [2] 3
   ——————————
     8 2 8 0

b)   7 4 [9] 2
   + 2 4 7 [9]
   ——————————
     9 [9] 5 1

c)   [1] 8 3 4
   + 6 3 [2] 6
   ——————————
     8 [1] 6 [0]

3 Observe o esquema e responda à questão.

Quantos quilômetros são percorridos para ir de Vista Bonita a Barra Velha, passando por Rio de Ouro?

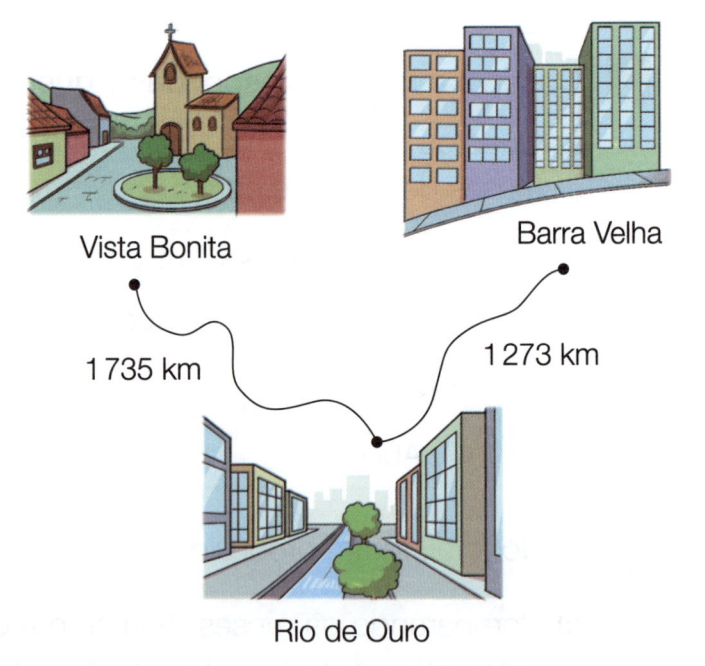

Vista Bonita — 1 735 km — Rio de Ouro — 1 273 km — Barra Velha

São percorridos 3 008 km.

4 Resolva o problema.

Uma empresa comprou um carro pelo valor de 36 785 reais e também uma carreta por 4 560 reais. Quantos reais essa empresa gastou na compra do carro e da carreta?

A empresa gastou __41 345__ reais na compra do carro e da carreta.

Subtração com reagrupamento

1 Calcule o resultado de cada subtração.

a) 5 8 3 4
   − 2 7 2 7

b) 7 1 2 8
   − 3 5 1 6

c) 3 2 5 6
   − 2 4 1 4

2 Observe a tabela e responda:

Qual foi a diferença nas vendas de caminhões entre os anos 2011 e 2012?

Vendas de caminhões

Ano	Quantidade
2011	5 823
2012	6 759

A diferença foi de _____ caminhões.

3 Leia e responda às questões.

Marília e Jaime fizeram compras para uma loja de roupas. Eles gastaram 2 149 reais comprando calças e 1 837 reais comprando camisas.

a) Qual foi a diferença entre os valores gastos com as calças e com as camisas?

A diferença foi de _____ reais.

b) Quantos reais eles gastaram no total?

Eles gastaram no total _____ reais.

Adições: trocando e associando parcelas

1 Leia, observe e responda.

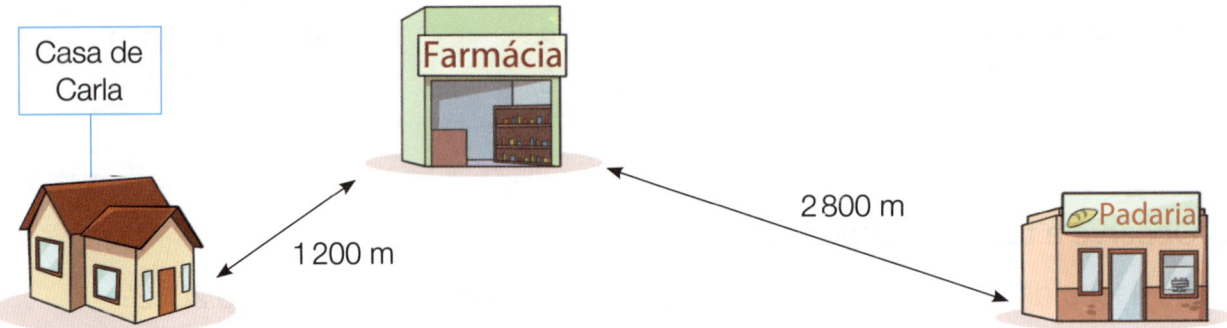

Casa de Carla — 1 200 m — Farmácia — 2 800 m — Padaria

a) Carla saiu de casa, passou na farmácia e foi até a padaria com sua bicicleta. Quantos metros Carla percorreu? _____

b) Mateus estava na padaria. Então pegou seu carro, passou na farmácia e depois foi fazer uma visita à casa de Carla. Quantos metros Mateus percorreu?

_____

c) Quem percorreu a maior distância? _____

2 Complete o quadro com o resultado das adições.

Adições	Resultado	Adições	Resultado
(90 + 75) + 35		90 + (75 + 35)	
55 + 32 + 19		19 + 55 + 32	
13 + 38 + 45		13 + 45 + 38	
(87 + 23) + 16		87 + (23 + 16)	
(100 + 49 + 18) + 40		100 + (49 + 18 + 40)	

3 Marque com um **X** a afirmação certa.

a) ☐ 53 + 16 = 16 + 53 + 18

b) ☐ 45 + 32 ≠ 32 + 45

c) ☐ 22 + 65 = 65 + 22

d) ☐ 102 + (45 + 32) ≠ (102 + 45) + 32

Atenção! O símbolo ≠ significa diferente.

Relacionando três números por meio da adição e da subtração

1 Escreva duas adições e duas subtrações usando os números de cada item.

a) 12, 37 e 49

_____ + _____ = _____

_____ + _____ = _____

_____ − _____ = _____

_____ − _____ = _____

b) 120, 230 e 350

_____ + _____ = _____

_____ + _____ = _____

_____ − _____ = _____

_____ − _____ = _____

2 Complete os cálculos.

Tânia tinha 68 reais, gastou uma parte com um presente para o seu pai e sobraram 29 reais. Quantos reais Tânia gastou com o presente do seu pai?

Para descobrir, eu subtraí 29 de 68.

```
  6 8
− 2 9
─────
```

Para ter certeza de que não errei, adicionei _____ com 29, e a resposta foi 68, como era esperado.

Dessa forma descobri que Tânia gastou _____ reais.

```
+ 2 9
─────
  6 8
```

- Agora, observe os cálculos dos caderninhos e responda sem fazer contas: Quantos reais Tânia teria gastado se tivessem sobrado 39 reais?

_____

QUEBRA-CUCA

Que bolo bom!

Nádia fez um bolo. Observando o procedimento de Nádia com duas ampulhetas (relógios de areia), descubra quanto tempo esse bolo ficou no forno.

VIROU AS DUAS AMPULHETAS.

QUANDO BAIXOU TODA A AREIA DA AMPULHETA MENOR, ELA COLOCOU O BOLO PARA ASSAR.

QUANDO ACABOU A AREIA DA MAIOR, ELA A VIROU NOVAMENTE.

QUANDO ACABOU NOVAMENTE A AREIA DA MAIOR, ELA TIROU O BOLO DO FORNO.

Ampulhetas

22 minutos para baixar toda a areia

14 minutos para a areia cair totalmente

O bolo ficou _____ minutos no forno.

O mistério dos símbolos

Vanessa descobriu um misterioso livro que representava números por meio de desenhos. Observe uma das páginas desse livro e descubra quanto vale cada desenho.

■ + ● = 9

■ + ● + ■ = 16

▲ = 5

■ + ✚ + ▲ = 15

■ = _____   ● = _____   ✚ = _____   ▲ = _____

PARA RECORDAR — UNIDADE 3: Geometria

Figuras geométricas

Alguns exemplos de figuras geométricas planas e não planas:

Planas
- Quadrado
- Pentágono 
- Círculo 

Não planas
- Cilindro 
- Cone 
- Cubo 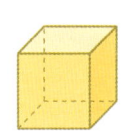

Prismas

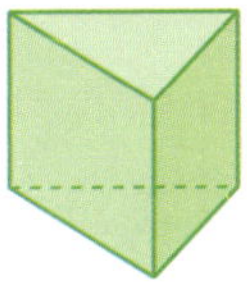

As faces laterais dos prismas têm a forma de um retângulo. Cada uma das outras duas faces chama-se base do prisma. Este exemplo de prisma tem bases triangulares e, por isso, é chamado de **prisma de base triangular**.

Pirâmides

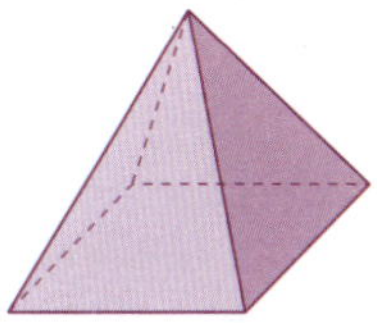

As faces laterais das pirâmides têm a forma de um triângulo. A outra face é chamada de base da pirâmide. A pirâmide ao lado tem base quadrada e, por isso, é chamada de **pirâmide de base quadrada**.

Comprimento, largura e altura de um paralelepípedo

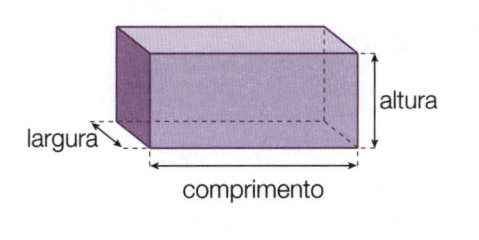

(largura, comprimento, altura)

Polígonos

vértice, lado, ângulo interno

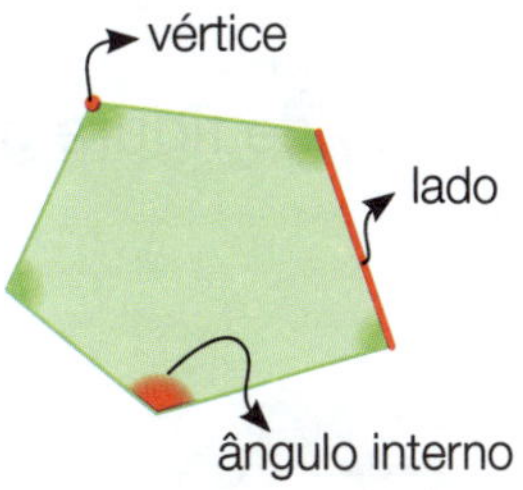

Exemplos: 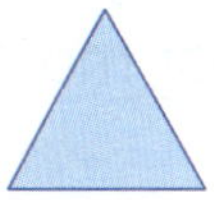 triângulo,  quadrilátero,  hexágono

Giros e ângulos

Quanto maior o giro, maior a abertura do ângulo associado a ele.

giro 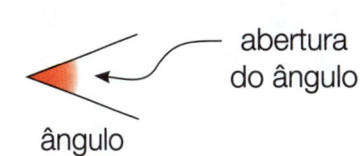 — ângulo — abertura do ângulo

Ângulos: reto, agudo e obtuso

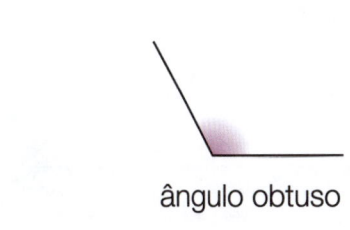

ângulo reto — ângulo agudo — ângulo obtuso

Figuras geométricas

1 Marque com um **X** as figuras geométricas planas.

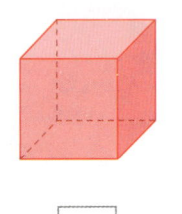

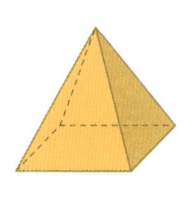

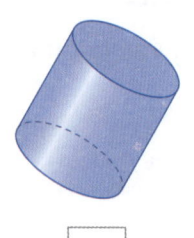

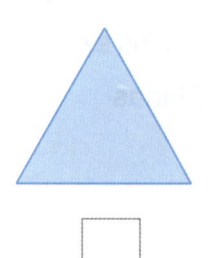

☐ ☐ ☐ ☐ ☐

2 Observe as representações de algumas figuras geométricas. Depois, complete o quadro com o nome dessas figuras.

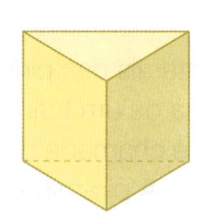

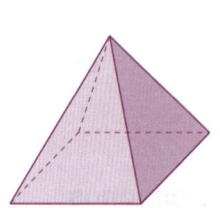

Figuras planas	Figuras não planas

3 Ligue cada planificação ao modelo de figura geométrica que ela formará quando for montada.

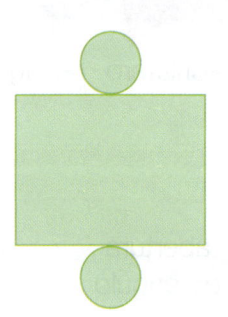

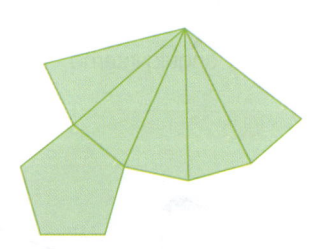

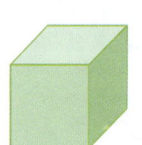

26

Mais figuras geométricas

1 Associe cada figura geométrica a seu nome.

| A | 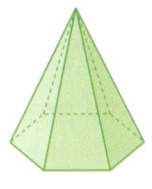 | C | 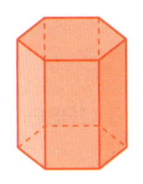 | E | 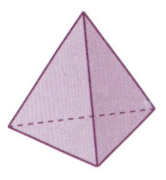 | G | 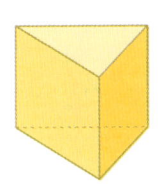 |
| B | 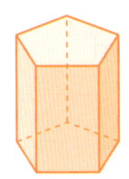 | D | 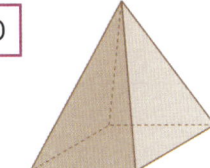 | F |  | H |  |

I	Prisma de base hexagonal		V	Pirâmide de base quadrada
II	Pirâmide de base triangular		VI	Prisma de base triangular
III	Cone		VII	Prisma de base pentagonal
IV	Cilindro		VIII	Pirâmide de base hexagonal

A — VIII; _____

2 Responda às questões.

Cristiano e João estão montando figuras conforme o modelo abaixo. Eles usam palitos e peças conectoras em forma de cubo. Já foram montadas 4 dessas figuras.

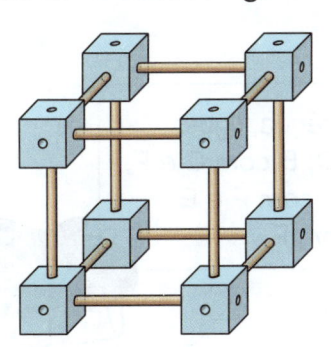

a) Quantos palitos foram usados nessas 4 figuras, no total? _____

b) Quantas peças conectoras foram usadas nessas 4 figuras, no total? _____

3 Observe a figura e complete as frases.

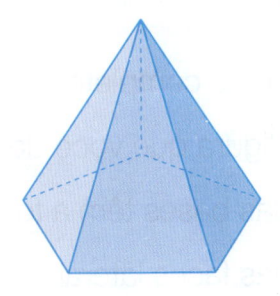

A figura representa uma _____.

A base dessa figura tem _____ lados e _____ vértices.

No total, a figura tem _____ faces, sendo _____ triangulares e _____ pentagonal.

Ao todo, a figura tem _____ vértices e _____ arestas.

Representação de figuras geométricas

1 Complete as frases em cada caso.

a)

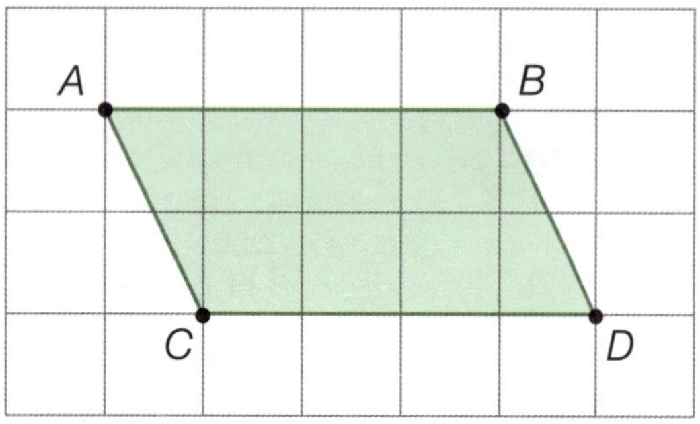

Para desenhar essa figura, foi preciso ligar __A__ com _____ e _____; __B__ com _____ e __C__ com _____.

b)

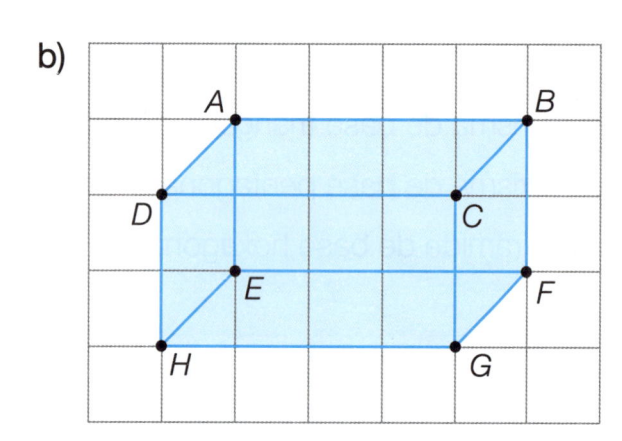

Para desenhar essa figura, foi preciso ligar __A__ com __B__, _____ e _____; __B__ com _____ e _____; __C__ com _____ e _____; __D__ com _____; __E__ com _____ e _____; __G__ com _____ e _____.

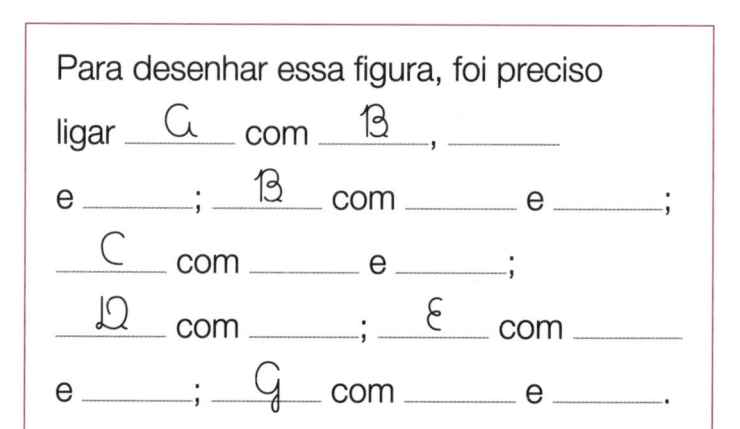

2 Ligue os pontos indicados e pinte a figura geométrica formada.

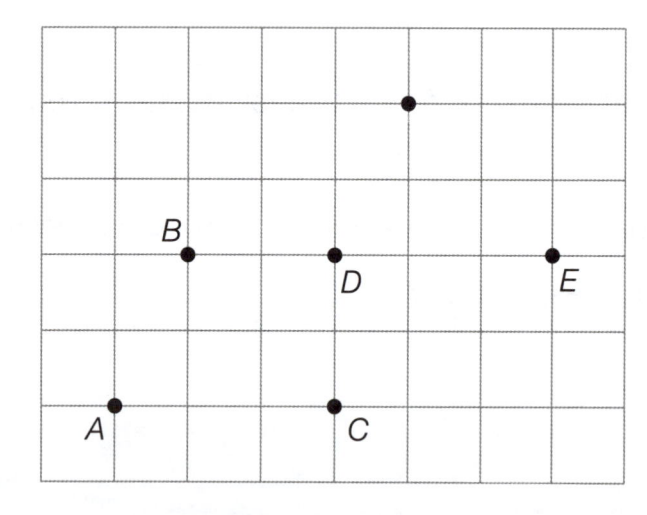

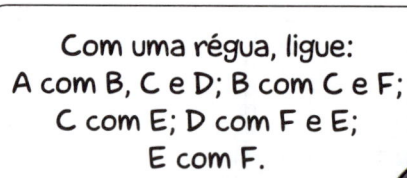

Com uma régua, ligue:
A com B, C e D; B com C e F;
C com E; D com F e E;
E com F.

- Agora, complete:

A figura que você desenhou é um _____,

suas bases têm a forma de um _____, e

suas faces laterais têm a forma de _____.

Vistas de figuras não planas

1 Identifique a figura relacionada às vistas.

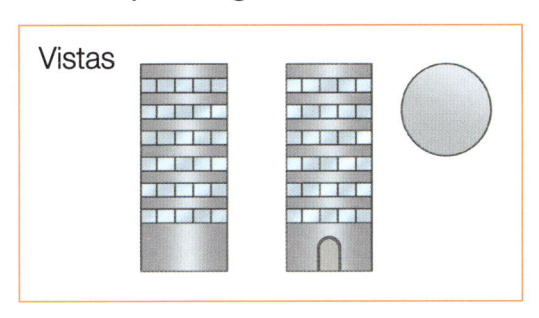

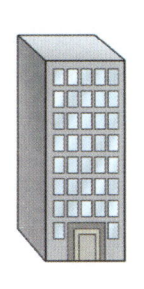

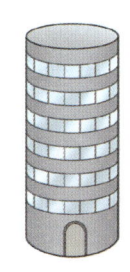

2 Marque com um **X** a resposta correta.

A qual figura correspondem as vistas abaixo?

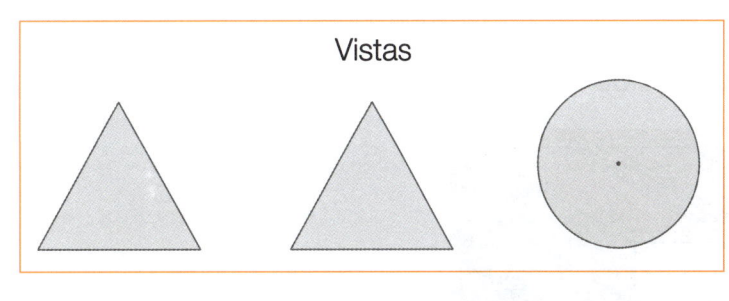

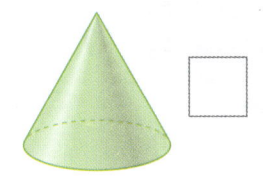

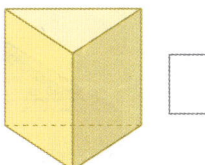

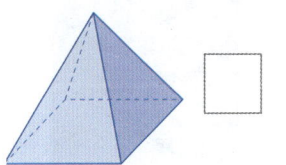

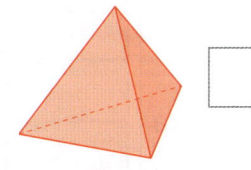

3 Ligue cada vista de cima à figura correspondente.

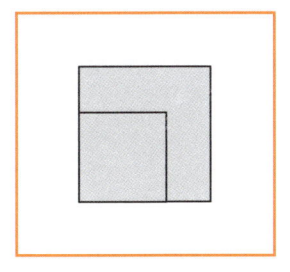

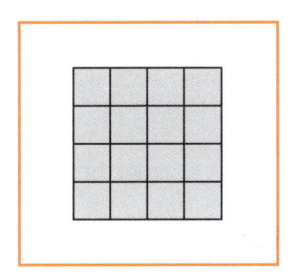

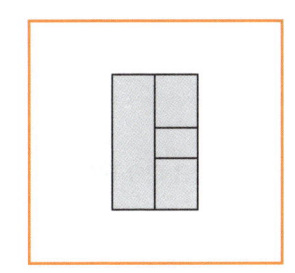

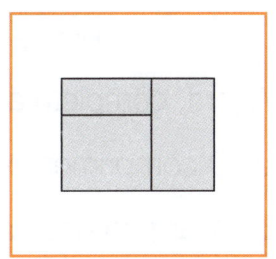

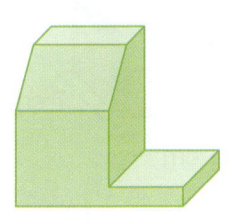

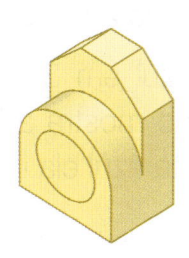

Comprimento, largura e altura do paralelepípedo

1 Complete.

Cada cubinho do empilhamento tem aresta medindo 1 cm. Qual é a medida do comprimento, da largura e da altura do empilhamento?

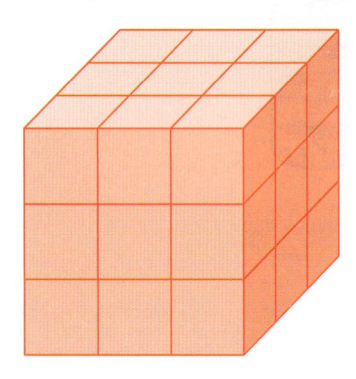

Comprimento ▶ _____ cm

Largura ▶ _____ cm

Altura ▶ _____ cm

2 Observe a pilha de tijolos e as medidas de cada um deles.

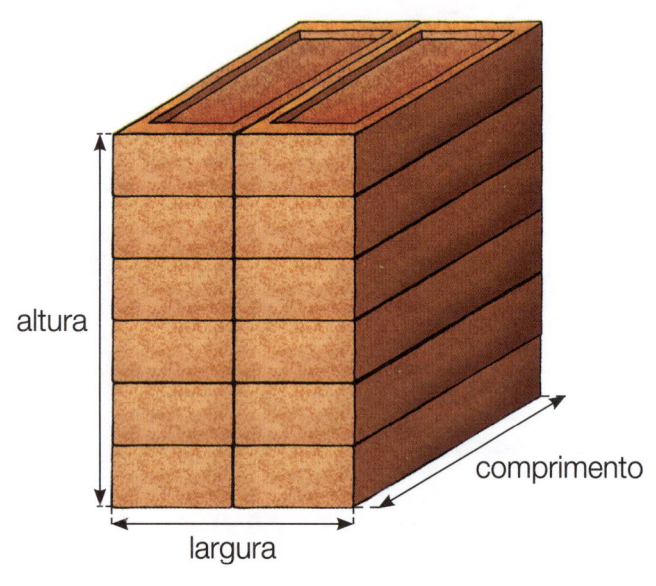

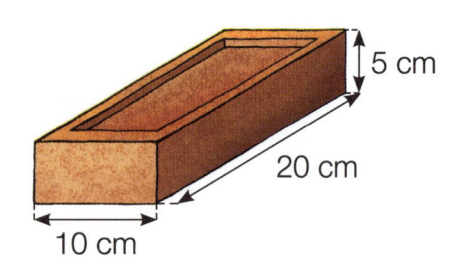

Agora, complete as frases.

a) O comprimento dessa pilha de tijolos é _____ centímetros.

b) A largura dessa pilha é _____ centímetros.

c) A altura dessa pilha é _____ centímetros.

3 Observe a figura e responda à questão.

Mariana colou uma fita azul em 3 bordas de uma caixa para enfeitá-la, como mostra a figura ao lado. Quantos centímetros de fita azul ela usou?

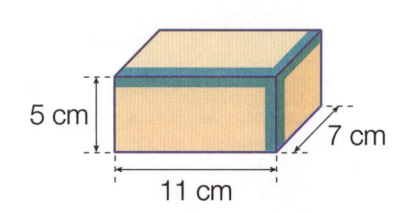

Giros de uma volta, de meia-volta e de um quarto de volta

1 Leia o texto e faça o que se pede.

Luciano e Karina estão brincando com um jogo. Nesse jogo, eles devem girar o ponteiro de uma roleta no sentido horário, e o ponteiro deve sempre partir do ponto rosa. Observe as jogadas de Luciano e Karina.

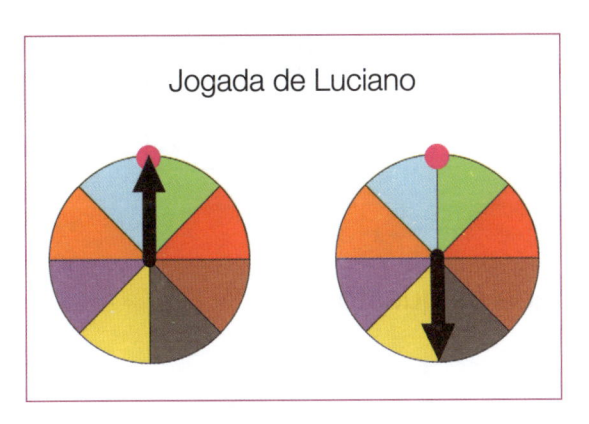

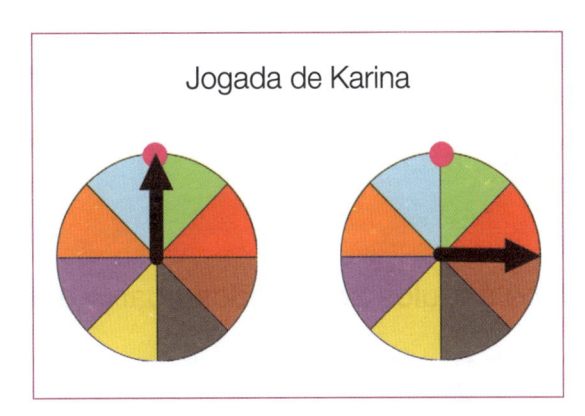

Jogada de Luciano

Jogada de Karina

Agora, responda às questões, sabendo que o ponteiro não gira mais de uma volta por jogada.

a) Em qual das jogadas o ponteiro deu um giro menor: na de Luciano ou na de Karina? _____

b) Na jogada de Luciano, o ponteiro deu um giro de uma volta, de meia-volta ou de um quarto de volta? E na jogada de Karina?

_____

2 Observe a ilustração, que mostra o caminho que Cecília fez para ir de sua casa à escola.

Escola

Casa de Cecília

Para entrar na rua da escola, Cecília deu um giro de uma volta, de meia-volta ou de um quarto de volta?

_____

Unidade 3

31

Outras ideias de ângulo

1 Observe as ilustrações e destaque alguns ângulos.

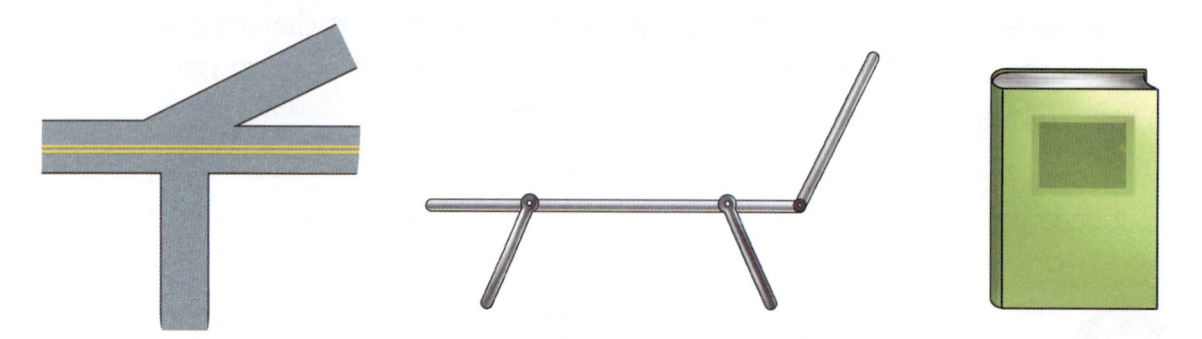

2 Observe os ângulos destacados abaixo e responda às questões.

Qual é a cor do ângulo que tem maior abertura? E a do que tem menor abertura?

_____

3 Observe as figuras com um ângulo destacado em cada uma.

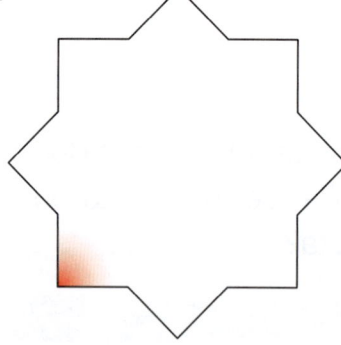

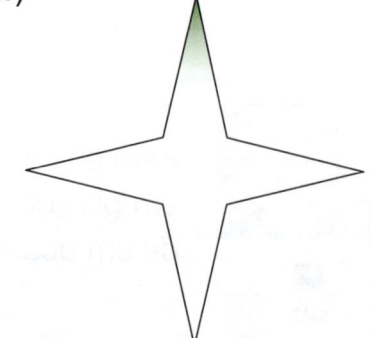

a)	b)	c)

Quantos ângulos de mesma abertura que a do ângulo destacado há no total em cada figura?

_____

_____

Ângulos: reto, agudo e obtuso

1 Observe a balança e responda.

A balança pesa até cinquenta quilogramas de mercadoria de cada vez. Observe que o ponteiro indica a medida da massa na balança.

Que ângulo o ponteiro forma com a linha que indica zero quilograma em cada caso? Complete com *agudo*, *reto* ou *obtuso*.

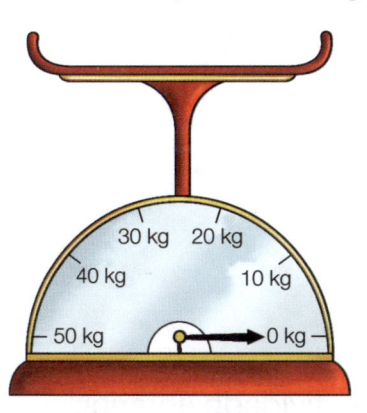

a) Para a massa de 10 quilogramas, o ponteiro formará um ângulo _____.

b) Para a massa de 35 quilogramas, o ponteiro formará um ângulo _____.

c) Para a massa de 25 quilogramas, o ponteiro formará um ângulo _____.

2 Observe a ilustração e responda à questão.

Veja o caminho que Luís Augusto fez para ir de sua casa à padaria.

O giro, destacado na figura, que Luís Augusto deu ao caminhar de sua casa à padaria nos dá a ideia de um ângulo reto, agudo ou obtuso?

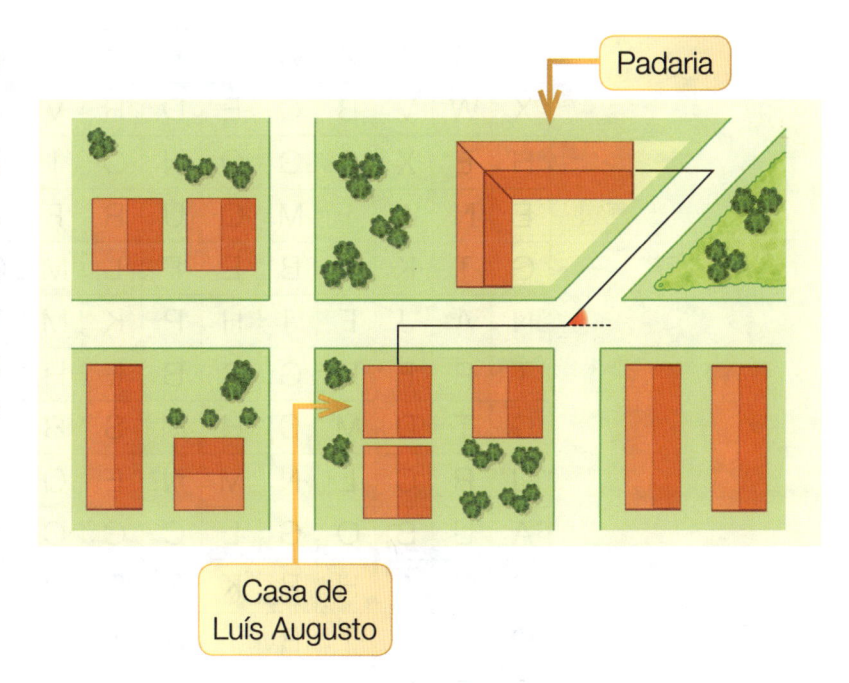

_____

3 Pinte o que se pede em cada caso.

a) Um ângulo agudo.

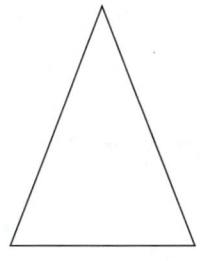

b) Um ângulo reto.

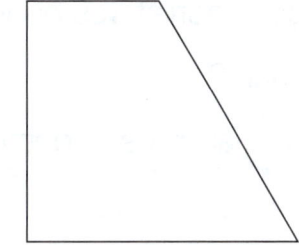

c) Um ângulo obtuso.

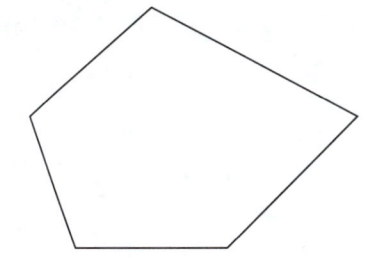

Polígonos e ângulos

1 Pinte as figuras que representam polígonos.

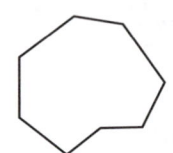

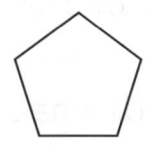

2 Escreva o nome de cada polígono.

a)  _____ b)  _____ c) 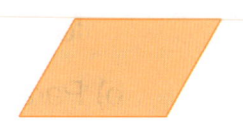 _____ d) _____

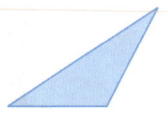

3 Procure no quadro o nome dos polígonos que aparecem na atividade anterior.

Â	Ç	B	X	W	H	E	X	O	B	N	Â	E	Q	Q
X	W	V	B	C	E	D	R	V	F	S	M	L	U	U
H	E	X	Á	G	O	N	O	I	G	M	O	J	A	A
E	N	W	I	M	Q	U	R	F	I	J	P	D	D	D
G	T	K	I	B	E	F	L	M	C	N	E	Q	E	R
N	A	J	F	J	H	P	K	M	S	J	N	P	T	I
T	R	F	D	G	S	B	E	H	I	D	T	R	Y	L
Q	T	D	M	C	H	M	S	B	H	V	Á	T	B	Á
U	R	C	L	N	M	N	E	Q	U	B	G	N	N	T
Á	U	B	O	G	L	C	G	C	G	L	O	A	R	E
R	O	Â	H	P	K	S	D	N	K	E	N	Á	T	R
O	G	E	T	R	I	Â	N	G	U	L	O	E	E	O
B	T	N	R	C	D	T	R	Â	N	G	U	L	O	S

4 Observe a figura e responda às questões.

a) Quantos quadriláteros podemos identificar nesta figura? _____

b) Quantos triângulos podemos identificar nesta figura?

_____

34

QUEBRA-CUCA

Qual é o empilhamento?

Um dos empilhamentos mostrados abaixo foi observado por três crianças.

• Henrique viu a seguinte imagem:

• Elisa viu esta imagem:

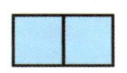

• Matheus viu esta imagem:

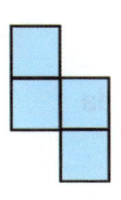

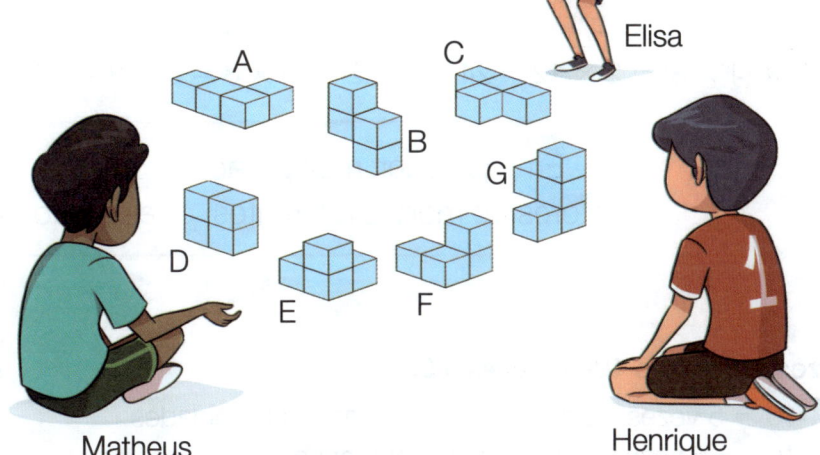

Qual foi o empilhamento observado por eles?

O empilhamento observado foi o _____.

Figuras

Juntando duas peças desta forma ⬒, sem sobreposição, qual é a única figura que não é possível montar?

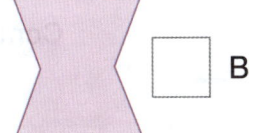

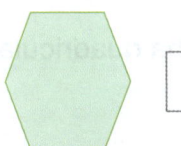

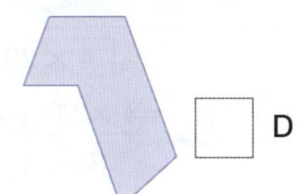

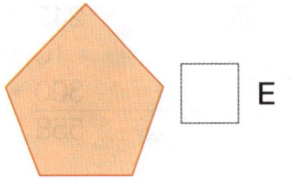

☐ A ☐ B ☐ C

☐ D ☐ E

PARA RECORDAR — UNIDADE 4: Multiplicação

Fatores e produto de uma multiplicação

$5 \times 2 = 10$ — fatores / produto

$2 \times 5 = 10$ — fatores / produto

$5 \times 2 = 2 \times 5$

Em qualquer multiplicação, quando alteramos a ordem dos fatores, o produto não muda.

Multiplicação com três fatores

$2 \times (4 \times 3) = 2 \times 12 = 24$

$(2 \times 4) \times 3 = 8 \times 3 = 24$

$2 \times (4 \times 3) = (2 \times 4) \times 3$

Em qualquer multiplicação, quando associamos os fatores de modos diferentes, o resultado não muda.

Vezes 10, vezes 100 e vezes 1 000

$5 \times 10 = 5$ vezes 1 dezena $= 5$ dezenas $= 50$ unidades

$6 \times 100 = 6$ vezes 1 centena $= 6$ centenas $= 600$ unidades

$9 \times 1\,000 = 9$ vezes 1 unidade de milhar $= 9$ unidades de milhar $= 9\,000$ unidades

Vezes 20, vezes 30, vezes 40, ...

$7 \times 20 = 7$ vezes 2 dezenas $= 14$ dezenas $= 140$ unidades

$2 \times 30 = 2$ vezes 3 dezenas $= 6$ dezenas $= 60$ unidades

Algoritmo usual da multiplicação

```
  C D U
    2
  2 1 5
×     4
-------
  8 6 0
```

```
  D U
  2 3
×  1 3
------
  6 9
+ 2 3 0
-------
  2 9 9
```

Multiplicação por decomposição

Sem malha quadriculada

4×23

```
   20 + 3
 ×     4
---------
       12  ← 4 × 3
+     80  ← 4 × 20
---------
      92
```

18×31

```
   30 +  1
 × 10 +  8
----------
        8  ← 8 × 1
      240  ← 8 × 30
       10  ← 10 × 1
+     300  ← 10 × 30
----------
      558
```

Com malha quadriculada

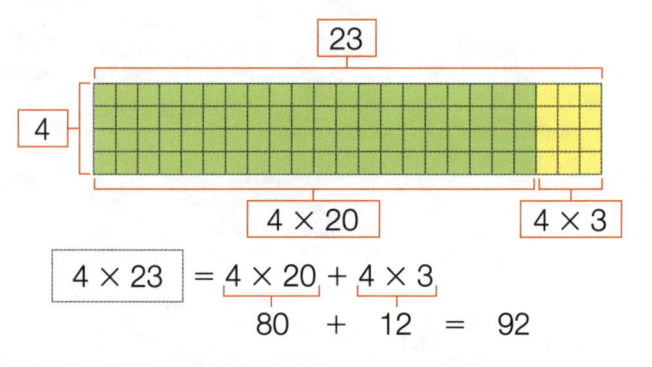

23 = (4 × 20) + (4 × 3), com altura 4

$4 \times 23 = 4 \times 20 + 4 \times 3$

$80 + 12 = 92$

Multiplicação com dois fatores

1 Observe a disposição retangular e escreva duas multiplicações que resultem no total de objetos.

_____ × _____ = _____

ou _____ × _____ = _____

2 Resolva o problema.

Rodrigo tem 5 camisetas de cores diferentes (branca, verde, amarela, azul e laranja) e 4 calções de cores diferentes (azul, preto, verde e branco) para jogar basquete. Se cada vez que ele se veste para jogar escolhe 1 camiseta e 1 calção, de quantas maneiras diferentes ele pode se vestir para jogar?

Rodrigo pode se vestir de _____ maneiras diferentes.

3 Observe as placas com os preços e responda à questão.

Francisco pesquisou o preço de latas de molho de tomate de uma mesma marca em dois supermercados. Se Francisco quiser comprar 6 latas desse molho, em qual supermercado ele gastará menos? Quantos reais a menos?

Supermercado Popular
2 latas por 6 reais

Supermercado Fartura
3 latas por 8 reais

Francisco gastará menos no supermercado _____.

Ele gastará _____ reais a menos.

37

Multiplicação com três fatores

1 Calcule o total de cubos fazendo uma multiplicação.

a) _____ × _____ × _____ = _____

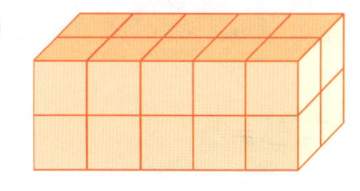

b) _____ × _____ × _____ = _____

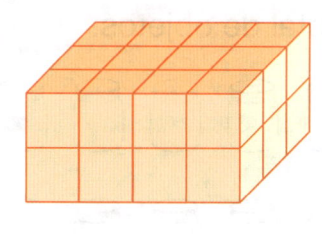

2 Complete com o resultado das multiplicações.

a) (5 × 4) × 3 = ☐ × 3 = ☐

b) 5 × (4 × 3) = 5 × ☐ = ☐

c) 3 × (5 × 3) = 3 × ☐ = ☐

d) (3 × 5) × 3 = ☐ × 3 = ☐

e) (2 × 2) × 2 = ☐ × 2 = ☐

f) 2 × (2 × 2) = 2 × ☐ = ☐

g) (2 × 5) × 7 = ☐ × 7 = ☐

h) 2 × (5 × 7) = 2 × ☐ = ☐

3 Resolva o problema.

Paula, Marta e Rafael brincavam de acertar bolas dentro de cestos numerados. Cada um deles jogou 3 bolas. Paula acertou 2 bolas no cesto com o número 5 e 1 bola no cesto com o número 6. Ela multiplicou 5 × 5 × 6, e o resultado foi o número de pontos feitos por ela. Marta e Rafael fizeram a mesma coisa com os números correspondentes a seus acertos. Quem venceu o jogo?

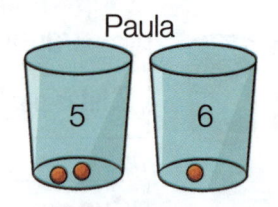

Paula

_5_ × _5_ × _6_ = _____

Marta

_____ × _____ × _____ = _____

Rafael

_____ × _____ × _____ = _____

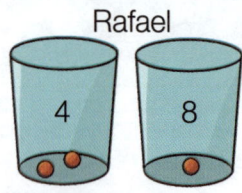

Quem venceu o jogo foi _____, que fez _____ pontos.

38

Vezes 10, vezes 100 e vezes 1 000

1 Complete os esquemas.

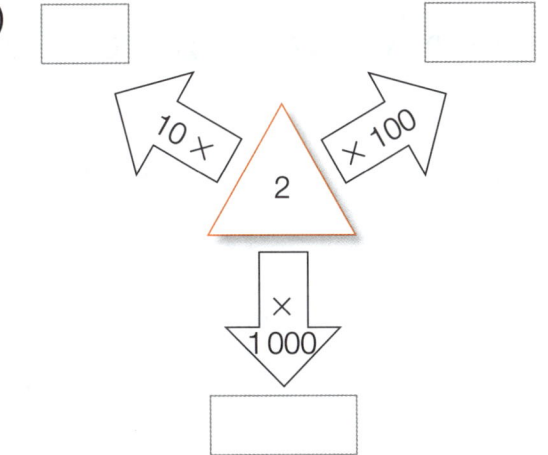

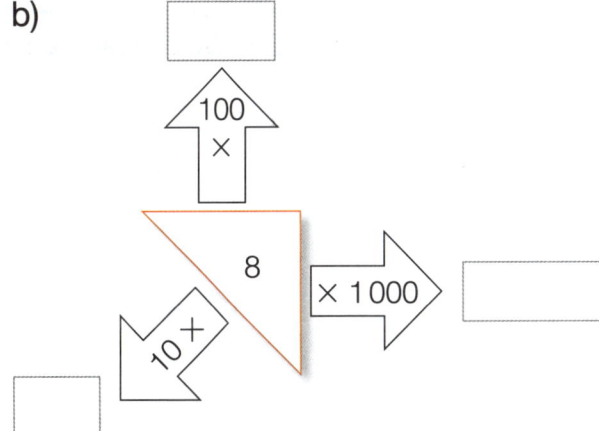

a) Esquema com triângulo contendo o número 2, com setas: 10 × , × 100, × 1 000

b) Esquema com triângulo contendo o número 8, com setas: 100 × , 10 × , × 1 000

2 Leia as informações e complete.

Sabendo que 1 década é o mesmo que 10 anos, 1 século corresponde a 100 anos e 1 milênio é o mesmo que 1 000 anos, descubra o número de anos indicado em cada caso.

a) 4 décadas = _____ anos

b) 5 décadas = _____ anos

c) 3 séculos = _____ anos

d) 7 séculos = _____ anos

e) 2 milênios = _____ anos

f) 6 milênios = _____ anos

3 Responda à questão.

Uma escola quer comprar para sua biblioteca 9 livros iguais ao da figura ao lado.
Quanto a escola pagará pelos livros, no total?

A escola pagará _____ reais pelos livros, no total.

4 Resolva o problema.

Maurício comprará 100 chapéus e 100 pacotes--surpresa para sua festa de aniversário. Cada chapéu custa 2 reais, e cada pacote-surpresa custa 3 reais. Quanto Maurício gastará com essa compra, no total?

Maurício gastará _____ reais.

Vezes 20, vezes 30, vezes 40...

1 Complete o quadro com os produtos que estão faltando.

	Vezes 20	Vezes 30	Vezes 40	Vezes 50	Vezes 60	Vezes 70	Vezes 80
2	40				120		
3		90		150		210	
7	140						560
8		240	320			560	
10				500			800

2 Descubra quantos reais Denise gastou na compra e complete.

Cédulas que Denise tinha para a compra

Troco recebido por Denise

Denise tinha _____ reais, gastou _____ reais e sobraram _____ reais.

3 Resolva o problema.

Fábio mediu com palmos o comprimento de uma mesa. O palmo de Fábio mede 20 cm, e o comprimento da mesa corresponde a 5 palmos de Fábio.

a) Qual é o comprimento da mesa em centímetros?

_____

b) A largura de um colchão corresponde a 7 palmos de Fábio. Qual é a largura do colchão em centímetros? _____

Multiplicação na reta numérica

1 Complete as retas numéricas e as multiplicações.

a) 0, 4, 8, 12, ___, ___, ___ 6 × 4 = ___

b) 0, 9, 18, ___, ___, ___ 5 × 9 = ___

c) 0, 11, ___, ___, ___, ___, ___ 6 × 11 = ___

d) 0, 14, ___, ___, ___, ___ 5 × 14 = ___

2 Veja o esquema que mostra a estrada que liga a casa de Carlos à casa de sua avó e responda à questão.

20 km

Casa de Carlos → ———————————— ← Casa da avó de Carlos

Qual é a distância da casa de Carlos até a casa de sua avó? _____

3 Observe o esquema e ajude Rodrigo a calcular a distância entre as cidades Rubi e Esmeralda.

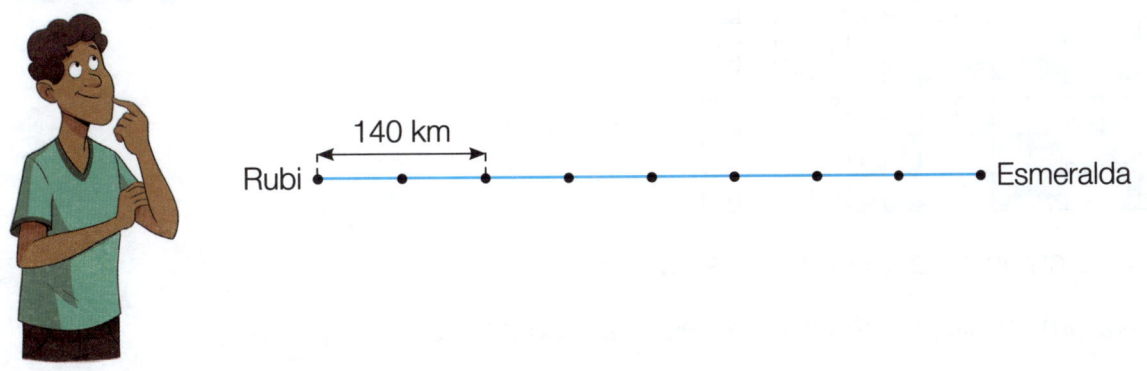

140 km

Rubi •——•——•——•——•——•——•——•——• Esmeralda

A distância entre as duas cidades é de _____ km.

Algoritmos para multiplicar

1 Calcule o resultado das multiplicações por decomposição.

a) 8 × 36

$$\begin{array}{r} 30 + 6 \\ \times 8 \\ \hline 48 \leftarrow 8 \times 6 \\ + 240 \leftarrow 8 \times 30 \\ \hline 288 \end{array}$$

b) 5 × 281

c) 12 × 44

2 Resolva o problema.

A receita de coxinhas da tia Ana rende 150 coxinhas. Ela está preparando 5 receitas para servir em uma festa. Quantas coxinhas tia Ana servirá na festa?

Tia Ana servirá _____ coxinhas na festa.

3 Observe a figura e responda às questões.

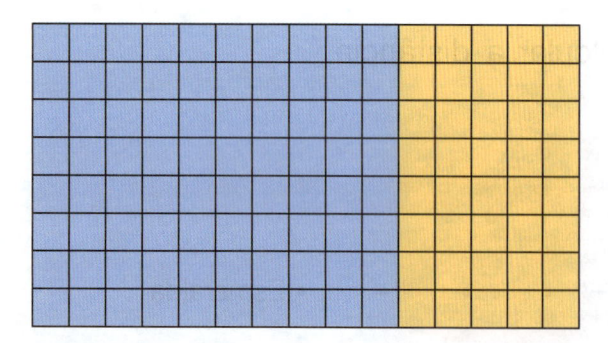

a) Calcule o número de quadradinhos da figura. _____

b) Escreva uma multiplicação que represente o número de quadradinhos dessa figura. _____

Algoritmo usual da multiplicação

1 Calcule o resultado de cada multiplicação.

a) [D][U]
```
    5 3
 ×    7
───────
```

b) [D][U]
```
    6 9
 ×    4
───────
```

c) [C][D][U]
```
  1 5 3
 ×    6
───────
```

d) [C][D][U]
```
  2 5 6
 ×    4
───────
```

e) [D][U]
```
    8 9
 ×    5
───────
```

f) [C][D][U]
```
  5 3 1
 ×    2
───────
```

g) [C][D][U]
```
  8 0 4
 ×    4
───────
```

h) [C][D][U]
```
  2 3 4
 ×    3
───────
```

2 Resolva o problema.

Se um trem percorre 105 quilômetros a cada hora, quantos quilômetros ele percorrerá em 4 horas?

O trem percorrerá _____ quilômetros em 4 horas.

3 Responda à questão.

Um ônibus urbano pode transportar, no máximo, 42 passageiros sentados e 35 em pé. Quantos passageiros, ao todo, 5 ônibus iguais a esse podem transportar, no máximo?

Ao todo, os 5 ônibus podem transportar, no máximo, _____ passageiros.

Multiplicação com fatores de mais de um algarismo

1 Calcule o resultado de cada multiplicação.

a)
D	U
3	1
× 1	5

b)
D	U
2	4
× 1	2

c)
D	U
4	9
× 1	1

d)
D	U
2	3
× 1	3

2 Resolva o problema.

Uma loja de brinquedos vendeu em uma semana 14 bonecas, 12 jogos e 24 carrinhos.

Se cada boneca custa 32 reais, cada jogo 21 reais e cada carrinho 25 reais, quantos reais a loja recebeu com a venda desses brinquedos nessa semana, ao todo?

A loja recebeu _____ reais com a venda desses brinquedos nessa semana.

3 Observe a ilustração e responda à questão.

Qual é a diferença em reais entre as duas formas de pagamento da estante?

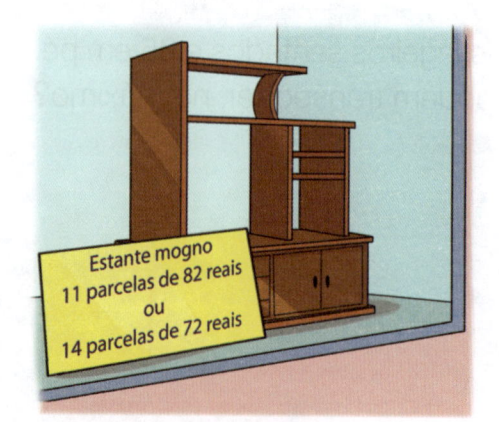

Estante mogno
11 parcelas de 82 reais
ou
14 parcelas de 72 reais

Mais multiplicação

1 Complete o quadro e responda à questão.

Fatores	Produto
110 × 13	
120 × 12	
150 × 17	
160 × 16	

Comparando o resultado de 110 × 13 com o resultado de 120 × 12, o que você observa? E o que observa ao comparar o resultado de 150 × 17 com o de 160 × 16?

_____

2 Responda à questão.

Adriano contou o número de batidas de seu coração em 1 minuto: foram 70 batidas. Quantas vezes o coração de Adriano baterá em 15 minutos, se mantiver o mesmo ritmo?

_____

3 Observe a ilustração e resolva o problema.

A escola de Carlão foi assistir a um espetáculo de teatro em sua cidade. Eles formavam um grupo com 460 estudantes e 36 adultos. Quantos reais eles gastaram ao todo com os ingressos?

ADULTO: 25 reais
ESTUDANTE: 15 reais

Eles gastaram _____ reais.

QUEBRA-CUCA

Como chegar?

Encontre o caminho que o urso tem que fazer para chegar à caverna.

Fechar o jogo

Um certo momento de um jogo é mostrado no tabuleiro abaixo. Cássia está marcando suas casas com fichas vermelhas, e Mílton com fichas azuis. Quem completar 3 casas seguidas na vertical, horizontal ou diagonal ganhará o jogo.

Uma jogada é realizada em duas etapas:

- jogam-se 3 dados;

- realizam-se duas operações usando os 3 números obtidos no lançamento dos dados. Por exemplo, saindo 2, 3 e 6, pode-se fazer ($3 \times 2 + 6 = 12$) ou ($2 + 3 + 6 = 11$) ou ($6 + 3 - 2 = 7$) etc.

O resultado das operações é o número a ser marcado no tabuleiro. Agora é a vez de Cássia: realize as operações que darão a vitória a ela. Pinte a casa da vitória com capricho!

Oba! Tirei 3, 4 e 5!

Tabuleiro

1	2	3	4	5
16	17	18	19	6
12	24	7	20	25
14	23	22	11	8
13	15	21	10	9

PARA RECORDAR — UNIDADE 5: Divisão

Divisão exata e divisão não exata

Uma divisão é **exata** quando o resto dessa divisão é zero.
Uma divisão é **não exata** quando o resto dessa divisão é diferente de zero.

Relacionando três números por meio da multiplicação e da divisão

O números 3, 7 e 21 podem ser relacionados por meio de duas multiplicações e de duas divisões:

$3 \times 7 = 21$ $7 \times 3 = 21$

$21 \div 7 = 3$ $21 \div 3 = 7$

Termos da divisão

Dividendo → 25 | 4 ← Divisor
             −24   6
Resto ← 1   → Quociente

Divisão por estimativas

$846 \div 6$

```
  846  | 6
 −600  |───
  ───  | 100
  246  |  40
 −240  | + 1
  ───  |───
    6  | 141
   −6
  ───
    0
```

$846 \div 6 = 141$
com resto 0

$387 \div 12$

```
  387  | 12
 −360  |───
  ───  | 30
   27  | + 2
  −24  |───
  ───  | 32
    3
```

$387 \div 12 = 32$
com resto 3

Algoritmo usual da divisão: divisor com um algarismo

$89 \div 3$

|D|U|

$2 \times 3 = 6$ →
```
  8 9 | 3
 −6   |───
  ─── | 2 9
  2 9 |D U
 −2 7
  ───
    2
```
← $9 \times 3 = 27$

$89 \div 3 = 29$
com resto 2

$219 \div 3$

|C|D|U|

$7 \times 3 = 21$ →
```
  2 1 9 | 3
 −2 1   |─────
  ───── | 0 7 3
  0 0 9 |C D U
     −9
  ─────
      0
```
← $3 \times 3 = 9$

$219 \div 3 = 73$
com resto 0

Algoritmo usual da divisão: divisor com dois algarismos

$156 \div 12$

|C|D|U|

```
  1 5 6 | 12
 −1 2   |─────
  ───── | 0 1 3
    3 6 |C D U
   −3 6
  ─────
    0 0
```

$156 \div 12 = 13$
com resto 0

Rascunho

$1 \times 12 = 12$
$2 \times 12 = 24$
$3 \times 12 = 36$

Situações de divisão

1 Resolva o problema.

Carla tem 150 livros de histórias infantis para distribuir igualmente em 5 partes de uma estante. Cada parte da estante ficará com quantos livros?

Cada parte da estante ficará com _____ livros.

2 Leia e responda.

Pablo precisa distribuir em caminhões 300 caixas iguais. Ele sabe que cada caminhão consegue transportar 30 caixas desse tipo. De quantos caminhões Pablo precisará?

Pablo precisará de _____ caminhões.

3 Resolva o problema.

Fernanda trabalha em uma floricultura e tem 2 dúzias de flores para fazer arranjos. Cada arranjo deve ter 6 flores. Quantos arranjos Fernanda conseguirá fazer?

Fernanda conseguirá fazer _____ arranjos.

Termos da divisão

1 Represente as divisões na chave e depois identifique: o *dividendo*, o *divisor*, o *quociente* e o *resto*.

a) Cida dividiu seus 28 lápis de cor igualmente em 3 estojos, e sobrou 1.

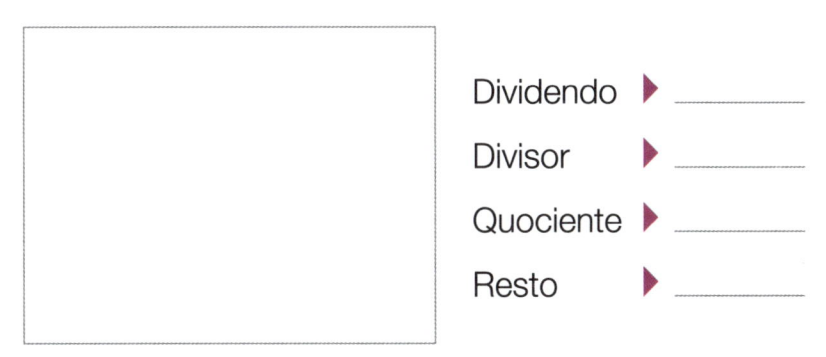

Dividendo ▶ _____
Divisor ▶ _____
Quociente ▶ _____
Resto ▶ _____

b) Marcelo dividiu sua coleção de chaveiros com 150 chaveiros em 5 caixas.

Dividendo ▶ _____
Divisor ▶ _____
Quociente ▶ _____
Resto ▶ _____

2 Calcule o quociente e o resto das divisões.

a) 93 ÷ 9   Quociente ▶ _____   Resto ▶ _____

b) 58 ÷ 6   Quociente ▶ _____   Resto ▶ _____

c) 40 ÷ 5   Quociente ▶ _____   Resto ▶ _____

d) 57 ÷ 8   Quociente ▶ _____   Resto ▶ _____

3 Leia e responda.

Para distribuir seus DVDs em 3 prateleiras, Jonas fez uma divisão. Ao terminar seus cálculos, ele obteve quociente 40 e resto 8. Assim, colocou 40 DVDs em cada prateleira e guardou em outro armário os 8 que sobraram. O dividendo dessa divisão representa o número de DVDs de Jonas. Qual era o dividendo dessa divisão?

O dividendo da divisão era _____.

Cálculo mental

1 Leia os ingredientes de uma sopa e responda à questão.

A mãe de Janaína fez essa sopa para 3 pessoas.
Escreva a quantidade de ingredientes que ela usou.

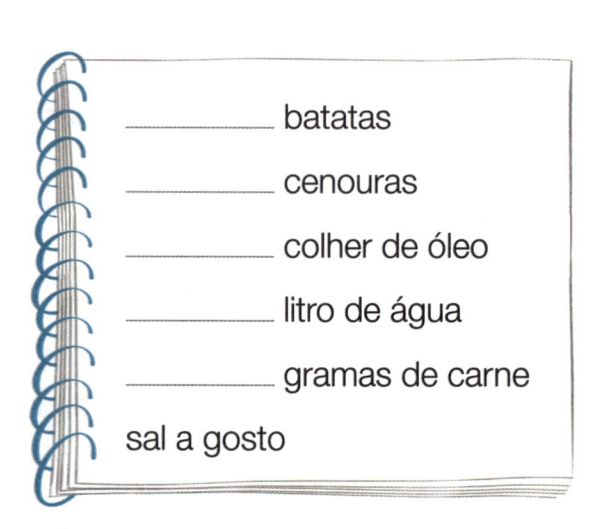

SOPA PARA 6 PESSOAS

8 batatas
4 cenouras
2 colheres de óleo
2 litros de água
400 gramas de carne
sal a gosto

_____ batatas
_____ cenouras
_____ colher de óleo
_____ litro de água
_____ gramas de carne
sal a gosto

2 Responda às questões fazendo cálculos mentais.

a) Na escola de Juca estudam 300 alunos. Cada classe tem 20 alunos. Quantas classes há na escola de Juca?

Há _____ classes na escola de Juca.

b) Catarina tem 180 bombons e quer distribuí-los em caixas com 9 bombons cada uma. De quantas caixas Catarina vai precisar?

Catarina vai precisar de _____ caixas.

3 Resolva o problema.

Um artesão faz peças com varetas de metal com o formato da figura ao lado. Ele tem 900 cm de varetas para usar. Quantas peças ele poderá fazer?

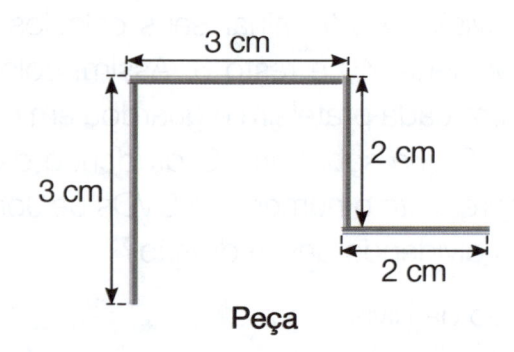

3 cm
2 cm
3 cm
2 cm

Peça

Divisão exata e divisão não exata

1 Organize no quadro as divisões exatas e as divisões não exatas mostradas abaixo.

26 ÷ 3   36 ÷ 4

500 ÷ 5   240 ÷ 6

55 ÷ 8   29 ÷ 7

72 ÷ 9   35 ÷ 2

Divisão exata	Divisão não exata

2 Responda às questões fazendo os cálculos mentalmente.

Júlia fará uma arrumação nas gavetas de sua cômoda: ela quer dividir suas roupas de modo que cada gaveta fique com o mesmo número de peças de roupa. Ela precisa dividir suas 10 calças em 2 gavetas e suas 19 camisetas em 3 gavetas.

a) Quantas calças ficarão em cada gaveta?

_____

b) É possível guardar as camisetas como Júlia quer? Por quê?

_____

3 Resolva o problema.

Uma cozinheira fez biscoitos e os organizou em 3 fôrmas com 10 biscoitos cada uma. Porém, sobraram 6 biscoitos, que foram colocados em uma fôrma menor.

Quantos biscoitos essa cozinheira fez no total?

_____

Relacionando três números por meio da multiplicação e da divisão

1 Resolva o problema.

O salário de Mário é um terço do salário de Amanda. Se Mário tem um salário de 500 reais, qual é o salário de Amanda?

O salário de Amanda é _____ reais.

2 Descubra o que se pede por meio de uma divisão ou multiplicação.

a)
> 7 vezes um número é igual a 490. Que número é esse?

O número é _____.

b)
> Um número dividido por 40 é igual a 8. Que número é esse?

O número é _____.

c)
> Um número multiplicado por 6 é igual a 540. Que número é esse?

O número é _____.

3 Escreva duas divisões relacionadas a cada multiplicação.

a) $3 \times 18 = 54$

_____ ÷ _____ = _____

_____ ÷ _____ = _____

b) $6 \times 7 = 42$

_____ ÷ _____ = _____

_____ ÷ _____ = _____

c) $7 \times 9 = 63$

_____ ÷ _____ = _____

_____ ÷ _____ = _____

Divisão por estimativas

1 Faça o que se pede.

Renato quer distribuir 156 figurinhas igualmente entre seus 4 sobrinhos. Continue a divisão por estimativa para ajudar Renato a descobrir quantas figurinhas cada sobrinho deverá receber.

Primeiro eu vou distribuir 30 figurinhas para cada sobrinho.

30 × 4 = _____

```
156 | 4
    | 30
```

Cada sobrinho deverá receber _____ figurinhas.

2 Descubra os valores que estão faltando em cada divisão e complete.

a)
```
  860 | ☐
- 600 | 100
  260 | 30
- 180 | ☐
   80 | + 3
-  60 | ───
   20 | 143
-  18 |
   ☐  |
```

b)
```
  755 | 4
- 400 | 100
   ☐  | ☐
- 200 | 30
   ☐  | + 8
- 120 | ───
   35 | 188
-  32 |
   03 |
```

3 Resolva o problema.

Uma caixa com 15 CDs iguais custa 240 reais. Qual é o preço de cada CD?

CONTÉM 15 CDs

Cada CD custa _____ reais.

53

Algoritmo usual da divisão: divisor com um algarismo

1 Calcule o quociente e o resto de cada divisão.

a) 96 | 3

b) 68 | 6

c) 68 | 4

d) 94 | 4

e) 75 | 5

f) 84 | 7

g) 84 | 6

h) 97 | 8

2 Resolva o problema.

O professor de Educação Física vai dividir 75 alunos em equipes de 5 jogadores para um campeonato de basquete. Quantas equipes participarão desse campeonato?

3 Descubra os números que estão faltando em cada divisão.

a)
```
  9 5 | 9
- 9   | 10
  ───
  0 △
```
△ = _____

b)
```
  ◯ | 6
- 6 | 16
  ───
  3 6
- 3 6
  ───
  0
```
◯ = _____

c)
```
  7 4 | 3
- 6   | ◇
  ───
  1 4
- 1 2
  ───
    2
```
◇ = _____

d)
```
  6 7 | 4
- 4   | 16
  ───
  2 7
- 2 4
  ───
  ⌂
```
⌂ = _____

54

Mais divisões

1 Calcule o quociente e o resto de cada divisão.

a) 138 | 6

c) 793 | 3

e) 742 | 7

g) 830 | 9

b) 842 | 2

d) 986 | 8

f) 739 | 4

h) 430 | 5

2 Responda às questões.

Em uma fábrica de copos, os produtos são embalados em pacotes com 6 unidades e colocados em caixas. Num determinado dia foram embalados 720 copos.

a) Quantos pacotes de 6 copos foram feitos?

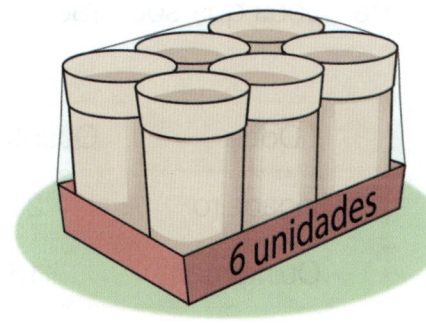

b) Se cada caixa tem capacidade para 8 pacotes com 6 copos, quantas caixas foram usadas nesse dia?

3 Resolva o problema.

Rosana precisa dividir seus 133 alunos em 7 grupos para um trabalho de Arte. Cada grupo tem a mesma quantidade de alunos. Quantos alunos terá cada grupo?

Algoritmo usual da divisão: divisor com dois algarismos

1 Efetue as divisões.

a) 3 1 5 | 15

b) 4 4 8 | 14

c) 2 7 6 | 12

d) 6 2 5 | 25

2 Complete a tabela conforme orientação a seguir.

Diego faz doces para vender.

Veja na tabela a quantidade de cada tipo de doce que Diego fez nesta semana, e também quantos doces de cada tipo ele vai colocar em cada caixa. Depois, complete a tabela com o total de caixas necessárias para embalá-los e com o número de doces que sobrarão.

Quantidade de doces

Doce	Quantidade	Doces por caixa	Total de caixas	Sobra de doces
Brigadeiro	218	18	12	
Quindim	168	15		
Cocada	250	12		
Queijadinha	215	16		
Maria-mole	280	10		

3 Complete.

a) Se 27 × 11 = 297, então: 297 ÷ 27 = ☐ e 297 ÷ 11 = ☐.

b) Se 630 ÷ 15 = ☐, então: 630 ÷ ☐ = 15 e ☐ × 15 = 630.

QUEBRA-CUCA

Operações cruzadas

Complete com os números que faltam nos quadrinhos brancos da toalha. O número dentro de cada prato indica o resultado das operações feitas (da esquerda para a direita e de cima para baixo) na fileira correspondente.

> Os números que faltam são 2, 3, 5, 6 e 7, e cada um deles aparece somente uma vez. A multiplicação é feita antes das operações de adição e subtração.

Chapéus

Isabel mostrou três chapéus a Gilberto e Heitor: dois marrons e um amarelo. Então, tapou os olhos deles e colocou um chapéu na cabeça de cada um, escondendo o 3º chapéu. Em seguida ela tirou a venda de Gilberto e lhe perguntou que chapéu ele achava que estava usando. Gilberto olhou o chapéu de Heitor e nada falou. Já Heitor descobriu imediatamente a cor do chapéu que usava ao ver o chapéu de Gilberto. Qual era a cor do chapéu de cada um deles? Pinte-os!

Gilberto   Heitor

PARA RECORDAR — UNIDADE 6: Grandezas e medidas

Medidas de comprimento

Metro, centímetro e milímetro

1 metro = 100 centímetros
1 m = 100 cm

1 centímetro = 10 milímetros
1 cm = 10 mm

Quilômetro e metro

1 quilômetro = 1 000 metros
1 km = 1 000 m

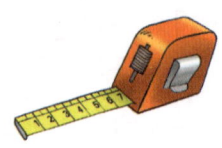

Perímetro

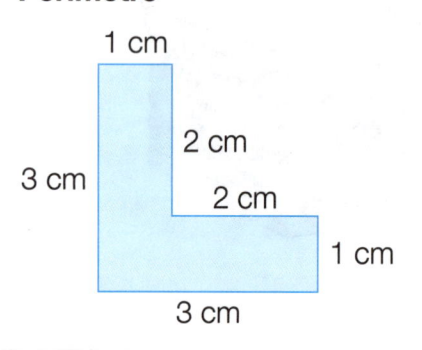

Perímetro é a medida do comprimento do contorno de uma figura.

O perímetro da figura ao lado pode ser obtido pela adição:

3 + 3 + 1 + 2 + 2 + 1 = 12

O perímetro dessa figura é 12 cm.

Área

Usando ▢ (1 quadradinho) como unidade de medida de superfície, dizemos que a área da figura ao lado é igual a 8 ▢ (8 quadradinhos).

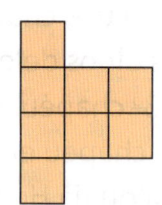

Centímetro quadrado

O centímetro quadrado é uma unidade de medida de superfície correspondente à área de um quadrado cujos lados medem 1 centímetro.

Indicamos 1 centímetro quadrado por 1 cm^2.

A área da figura amarela abaixo é igual a 18 cm^2.

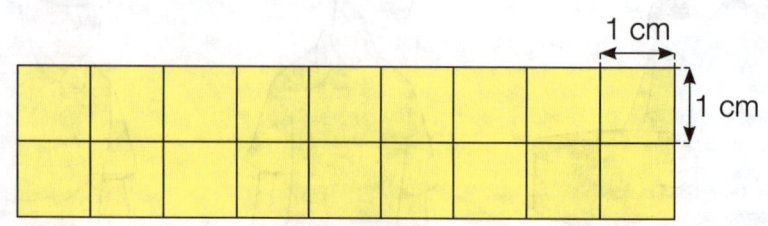

Medidas de comprimento

1 Use seu dedo polegar como unidade de medida para medir o comprimento de Cuca e Tata e complete.

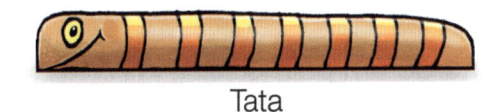

Cuca

Tata

Cuca tem _____ polegares de comprimento, e Tata tem _____ polegares de comprimento.

- Agora, meça usando uma régua.

    Cuca tem _____ centímetros de comprimento, e Tata tem _____ centímetros de comprimento.

2 Responda à questão.

Gabriela mediu o comprimento de sua cama e obteve 3 passos. Seu irmão Caíque mediu o comprimento da mesma cama e obteve 2 passos.

Qual dos dois tem o maior passo?

_____

3 Estime as medidas **reais** dos comprimentos indicados em cada caso e ligue.

◆ Dica

Imagine um caderno, um muro, uma caneta e uma mesa reais.

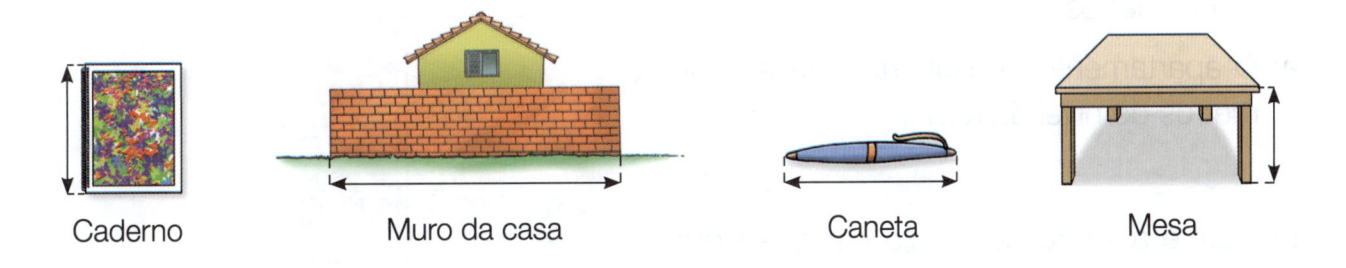

Caderno   Muro da casa   Caneta   Mesa

| 9 polegares | 7 palmos | 18 polegares | 10 passos |

Unidade 6

59

Metro, centímetro e milímetro

1 Marque com um **X** a medida mais adequada em cada caso.

a) Comprimento de um ônibus ▸ ☐ 10 m   ☐ 10 cm   ☐ 10 mm

b) Comprimento de um palmo ▸ ☐ 14 m   ☐ 14 cm   ☐ 14 mm

c) Largura de uma borracha ▸ ☐ 24 m   ☐ 24 cm   ☐ 24 mm

d) Comprimento da capa de um livro ▸ ☐ 28 m   ☐ 28 cm   ☐ 28 mm

2 Faça o que se pede.

Use uma régua para medir o comprimento do lápis.

- Agora, pinte de verde os quadros que indicam o comprimento do lápis.

| 15 centímetros | 15 milímetros | 15 metros |

| 0,15 metro | 150 centímetros | 150 milímetros |

3 Responda às questões.

Roberto mora no 5º andar de um prédio.

O prédio tem 10 andares e o térreo. A altura de cada andar é 250 centímetros, e a do térreo é 300 centímetros.

a) O apartamento de Roberto está a quantos metros do nível da rua?

_____

b) Qual é a altura do prédio em que Roberto mora?

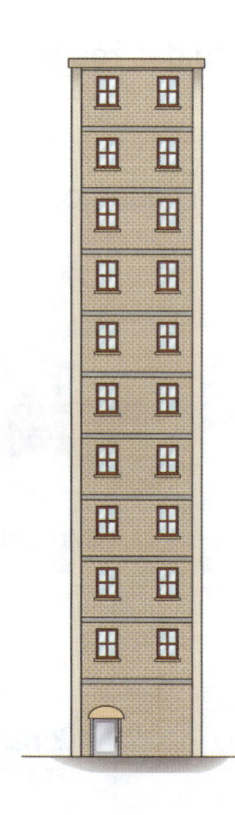

_____

Quilômetro e metro

1 Marque com um **X** a frase que expressa a menor distância percorrida.

☐ Marcelo caminhou 1 quilômetro e meio no parque.

☐ Cátia correu meio quilômetro esta manhã.

☐ Laura andou 1 600 m até o ponto de ônibus.

☐ Brigite caminhou 3 quilômetros até chegar ao clube.

2 Descubra quantos metros faltam em cada item para completar 1 quilômetro.

a) 750 m + _____ m = 1 km

b) 321 m + _____ m = 1 km

c) 810 m + _____ m = 1 km

d) 148 m + _____ m = 1 km

e) 556 m + _____ m = 1 km

3 Leia o texto dos balões e responda às perguntas.

Tenho aula de natação 3 vezes por semana.

Em cada aula nado 750 metros.

Mara

a) Quantos metros Mara nada em 1 semana?

_____

b) Se Mara tivesse aula 4 vezes na semana, quantos quilômetros ela nadaria?

_____

Perímetro de uma figura

1 Com o auxílio de uma régua, desenhe o que se pede.

a) Quadrado com perímetro igual a 8 cm.

b) Retângulo com perímetro igual a 12 cm.

2 Resolva.

Um triângulo tem os 3 lados de mesma medida, e seu perímetro é igual ao perímetro de um quadrado cujo lado mede 6 cm. Quanto mede cada lado desse triângulo?

Cada lado do triângulo mede _____ cm.

3 Use uma régua para medir o comprimento dos lados das figuras e calcule o perímetro de cada uma.

a)

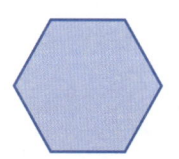

Perímetro = _____ cm

b)

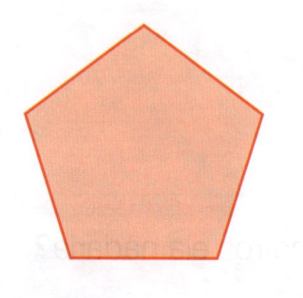

Perímetro = _____ cm

c)

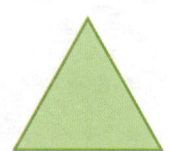

Perímetro = _____ cm

d)

Perímetro = _____ cm

Ideia de área

1 Desenhe e pinte nas malhas quadriculadas uma figura que tenha a área indicada em cada item. Observe que a unidade de medida de superfície usada é o quadradinho da malha.

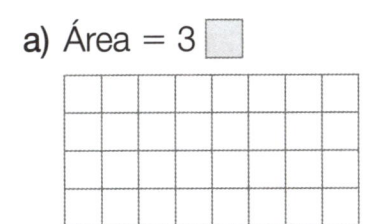

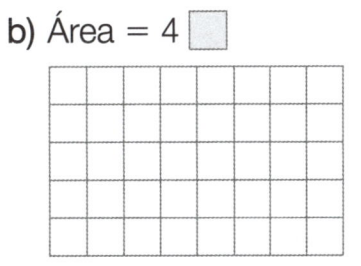

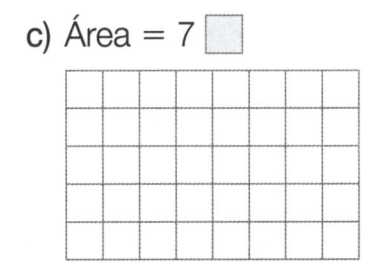

a) Área = 3 ☐

b) Área = 4 ☐

c) Área = 7 ☐

2 Resolva o problema.

Roberta quer fazer um mosaico no tampo de uma mesa retangular. Para isso, ela dividirá esse tampo em partes iguais, que terão forma de quadrado com lados de 10 centímetros. O tampo tem 30 centímetros de comprimento e 20 centímetros de largura. Em quantas partes quadradas o tampo será dividido?

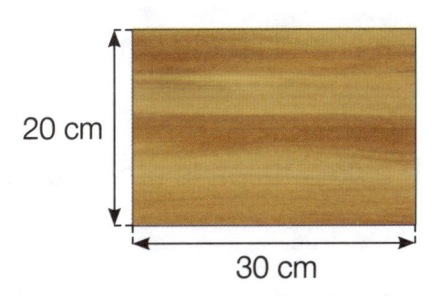

20 cm
30 cm

Em _____ partes quadradas.

3 Observe a planta da casa de Isadora. Depois, responda às questões.

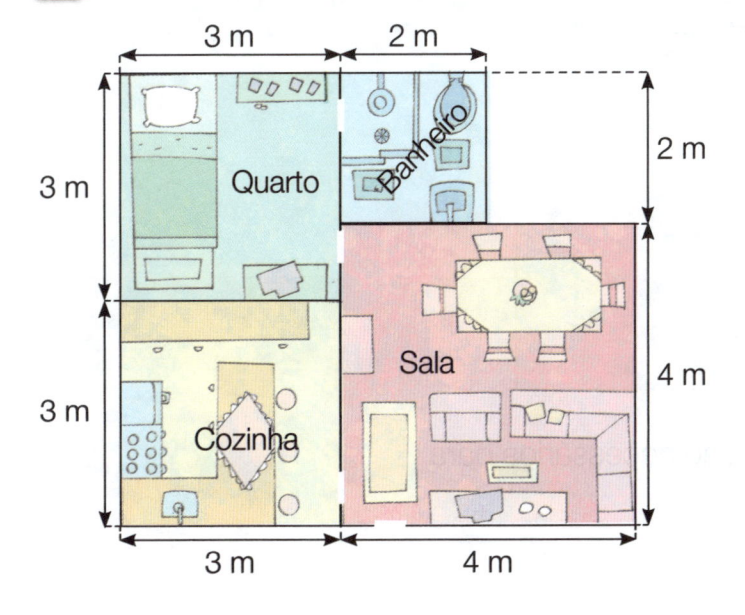

a) Qual é o perímetro da casa de Isadora?

b) Qual é o cômodo de maior área da casa?

c) E o de menor área? _____

d) Quantas vezes o cômodo de menor área cabe dentro do de maior área?

Área de figuras planas

1 Usando o quadradinho da malha como unidade de área, determine o que se pede.

a) A área da cabeça do robô.
_____

b) A área da figura do robô.
_____

c) A área de toda a malha quadriculada.
_____

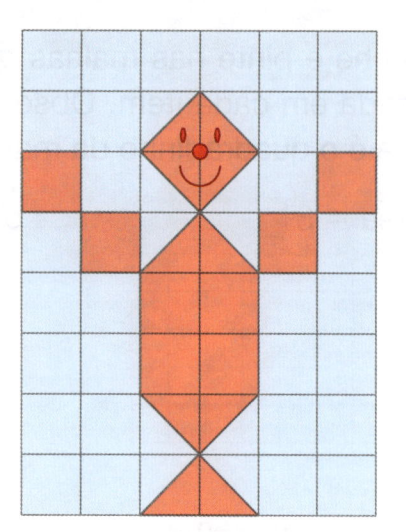

2 Observe o mosaico abaixo e responda às questões usando o quadradinho da malha como unidade de área.

a) Qual é a área da parte em laranja?
_____

b) Qual é a área da parte em azul?
_____

c) Qual é a área da parte em amarelo?
_____

d) Qual é a área de todo o mosaico?
_____

3 Observe o triângulo azul e o quadrado verde.

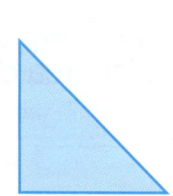

Descubra quantos desses triângulos azuis são necessários para formar o quadrado verde.
_____

Centímetro quadrado

1 Desenhe o que se pede.

a) Quadrado de área 9 cm².

b) Retângulo de área 6 cm².

c) Triângulo de área 8 cm².

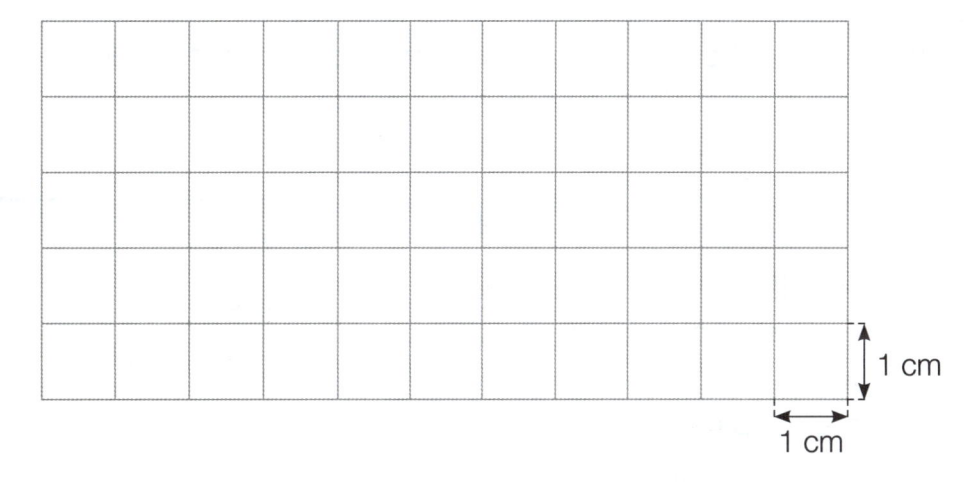

2 Faça o que se pede.

Escolha duas das figuras abaixo e desenhe na malha uma nova figura formada por elas. Depois, calcule a área da figura formada.

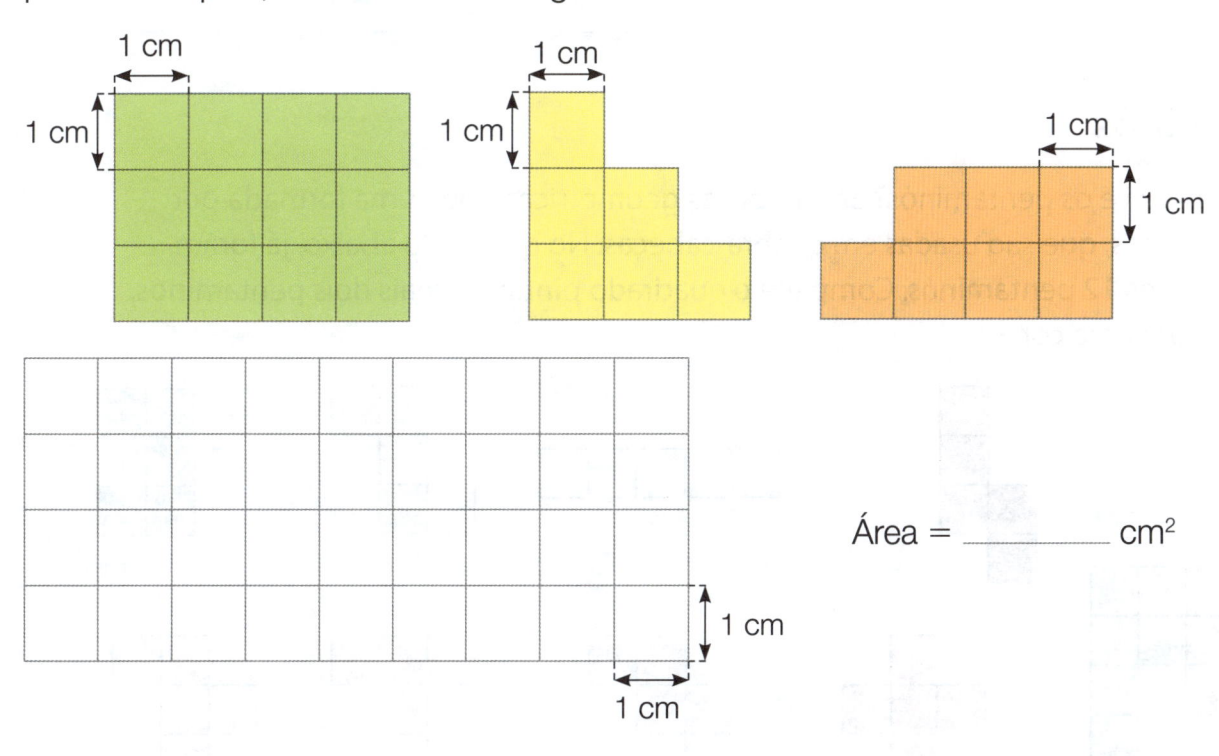

Área = _____ cm²

3 Resolva o problema.

Caio quer revestir sua cozinha com ladrilhos de 4 cm² de área. Se a área de sua cozinha tem 10 000 cm², quantos ladrilhos ele precisará comprar?

Caio precisará comprar _____ ladrilhos.

QUEBRA-CUCA

As cidades

Virgílio desenhou um esquema que mostra 3 cidades da região em que ele mora representadas pelas letras A, B e C. Cada centímetro no esquema representa 5 quilômetros. Usando uma régua, e com base nas dicas, descubra o nome de cada cidade.

Dicas

- A distância entre as cidades de Farpas e Lascas é igual a 20 km.
- A distância entre as cidades de Pontas e Farpas é maior que a distância entre Pontas e Lascas.

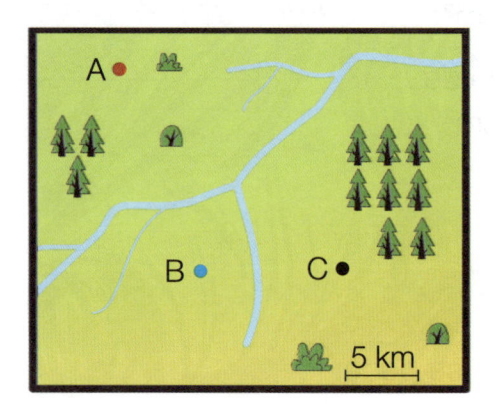

Pentaminós

Você conhece os pentaminós? São 12 peças geométricas, cada uma formada por 5 quadradinhos, que são usadas em quebra-cabeças. No quadrado abaixo, já foram pintados 3 dos 12 pentaminós. Complete o quadrado pintando mais dois pentaminós, cada um com uma cor.

PARA RECORDAR — UNIDADE 7: Números na forma de fração

Frações

- A bandeira foi dividida em 4 partes iguais. Dessas partes, **três** não foram pintadas. A fração $\frac{3}{4}$ corresponde às partes da bandeira que não estão pintadas.

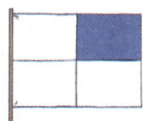

  Numerador → $\frac{3}{4}$ ← Denominador

  Lemos ▶ três quartos

- Vítor tem **8** carrinhos. Desses carrinhos, **2** são vermelhos. Esses carrinhos vermelhos correspondem a $\frac{2}{8}$ dos carrinhos de Vítor.

- Reinaldo comprou um pacote com 6 figurinhas e deu a **metade** (ou $\frac{1}{2}$) dessa quantidade a seu irmão. Então ele deu a seu irmão 3 figurinhas, pois metade (ou $\frac{1}{2}$) de 6 figurinhas são 3 figurinhas.

Frações e medidas

A receita de bolo de vovó Rosa pede $\frac{1}{4}$ de 1 litro de suco de laranja.

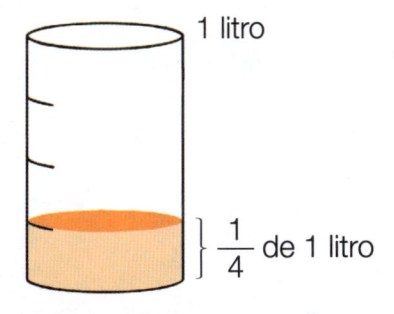

1 litro

$\frac{1}{4}$ de 1 litro

Comparação de quantidades expressas por frações

$\frac{4}{7}$ do total de rosas são amarelas e $\frac{3}{7}$ são vermelhas.

maior ↓ $\frac{4}{7} > \frac{3}{7}$

menor ↓ $\frac{3}{7} < \frac{4}{7}$

Adição com frações

$$\frac{2}{6} + \frac{3}{6} = \frac{5}{6}$$

Subtração com frações

$$\frac{3}{4} - \frac{1}{4} = \frac{2}{4}$$

Frações e porcentagens

De **100** pessoas que entraram em um parque, **40** foram à roda-gigante. Podemos representar as 40 pessoas dessa situação pela fração $\frac{40}{100}$ (lemos: quarenta centésimos) ou por **40%** (lemos: quarenta por cento). O símbolo que indica **porcentagem** é %.

Que números são estes?

1 Leia o texto e faça o que se pede.

Na última Copa do Mundo de Futebol, Juca pintou um dos muros de sua casa de verde e amarelo. Ele dividiu o muro em três faixas de mesmo tamanho e pintou duas faixas de verde e uma de amarelo.

a) Que fração do muro foi pintada de amarelo? E de verde?

_____

b) Identifique o numerador e o denominador de cada uma das frações:

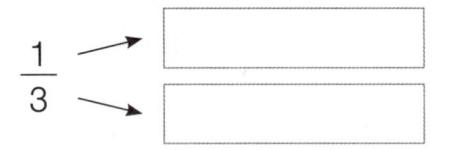

$\frac{1}{3}$ → ☐ ☐

$\frac{2}{3}$ → ☐ ☐

2 Escreva a fração que representa a parte pintada de cada figura.

a)

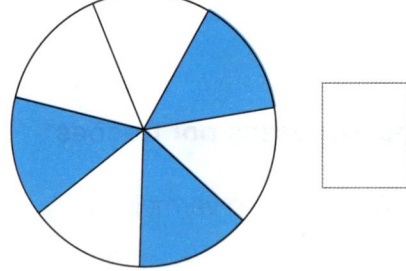

b)

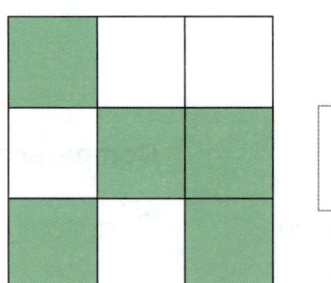

3 Complete as frases.

a) $\frac{1}{3}$ de 60 laranjas corresponde a _____ laranjas.

b) $\frac{1}{6}$ de 60 laranjas corresponde a _____ laranjas.

c) $\frac{1}{2}$ de 100 borrachas corresponde a _____ borrachas.

d) $\frac{1}{4}$ de 100 borrachas corresponde a _____ borrachas.

4 Cerque com uma linha três quartos dos soldadinhos desenhados abaixo.

Situações com frações

1 Pinte a fração indicada em cada caso e escreva como a lemos.

a) $\dfrac{6}{10}$ do chocolate

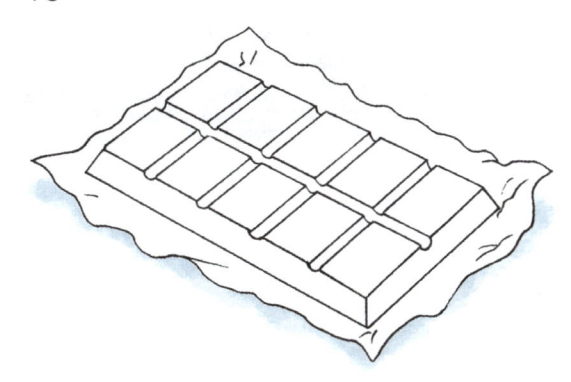

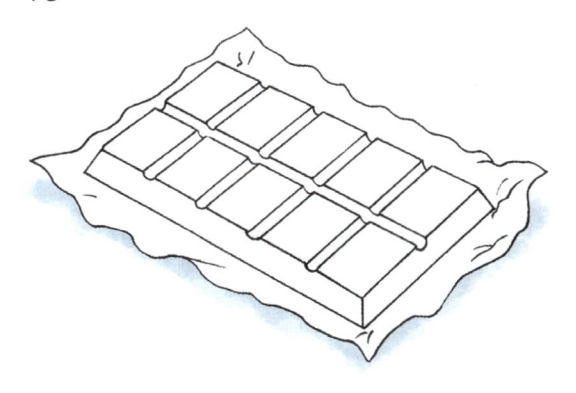

b) $\dfrac{7}{10}$ do chocolate

_____ _____

2 Observe as bexigas de Lucas e as de Pedro e responda às questões.

Lucas

Pedro

a) As bexigas amarelas correspondem a que fração do total de bexigas que Lucas tem?

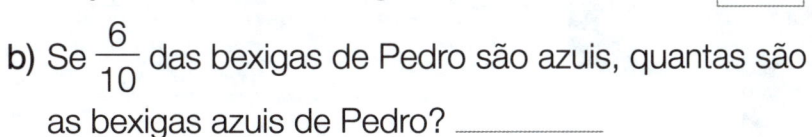

b) Se $\dfrac{6}{10}$ das bexigas de Pedro são azuis, quantas são as bexigas azuis de Pedro? _____

3 Resolva o problema.

Vânia sempre tem aulas de natação às terças-feiras, às quintas-feiras e aos sábados. Podemos dizer que Vânia tem essas aulas em $\dfrac{1}{3}$ dos dias da semana? Justifique sua resposta.

_____
_____

Fração para comparar

1 Complete as frases.

a) Há _____ pratos na cena.

b) Desses pratos, _____ estão quebrados.

c) Os pratos quebrados correspondem a ☐ do total de pratos.

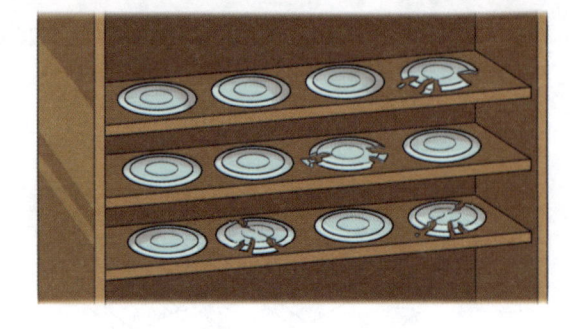

2 Descubra quem ganhou mais revistas.

O dono de uma banca de revistas distribuiu algumas revistas entre seus três sobrinhos. Sueli ganhou $\frac{2}{10}$ das revistas, Mário $\frac{3}{10}$ das revistas e Elisa o restante das revistas.

Quem ganhou mais revistas? _____

3 Observe e responda às questões.

Marília tem 3 chaveiros grandes, 4 médios e 2 pequenos.

a) Que fração indica a quantidade de chaveiros que não são pequenos? ☐

b) Que fração indica a quantidade de chaveiros que não são grandes? ☐

Frações e medidas

1 Responda às questões.

a) Tânia foi caminhando de sua casa até o clube. Para fazer esse percurso, ela demorou 1 hora. Quantos minutos Tânia demorou para chegar ao clube?

_____

b) André, filho de Tânia, fez o mesmo caminho que sua mãe para ir ao clube. Como ele está treinando para uma corrida, resolveu ir correndo até lá, então levou $\frac{1}{2}$ hora para chegar. Quantos minutos ele levou para chegar ao clube?

André levou _____ minutos para chegar ao clube.

c) Letícia, prima de André, fez o mesmo caminho que Tânia e André, mas ela foi de carro. Se Letícia levou $\frac{1}{4}$ de hora para chegar ao clube, quantos minutos ela levou para chegar ao clube?

Letícia levou _____ minutos para chegar ao clube.

2 Marque com um **X** a resposta certa.

Maíra comprou 50 centímetros de fita vermelha para enfeitar seu vestido. Então, ela comprou:

☐ $\frac{1}{2}$ de 1 metro de fita   ☐ $\frac{1}{3}$ de 1 metro de fita   ☐ $\frac{2}{1}$ metros de fita

Comparação de quantidades expressas por frações

1 Observe as ilustrações e depois faça o que se pede.

Lúcia e Júlio estão pintando o desenho de uma centopeia.

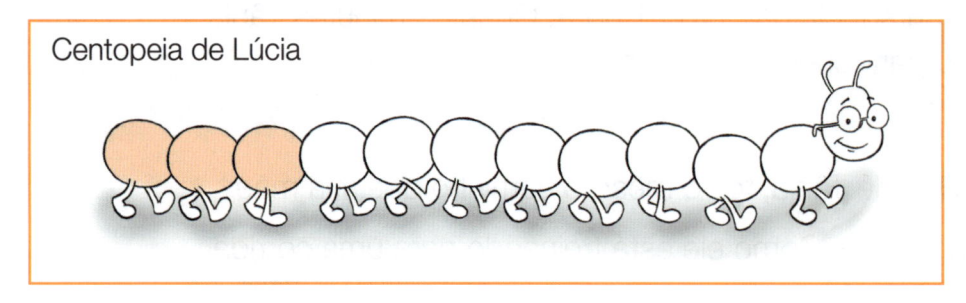

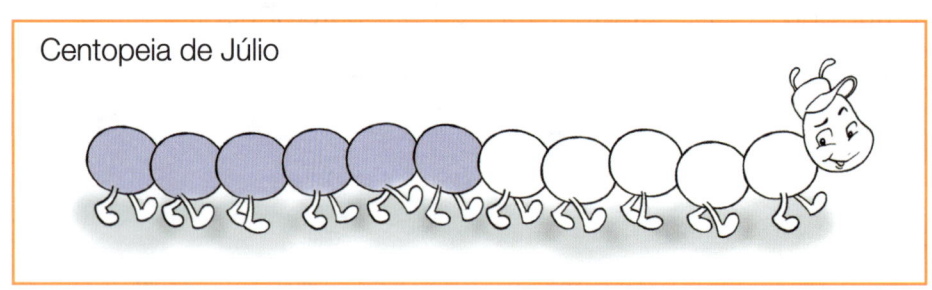

Centopeia de Lúcia

Centopeia de Júlio

a) Qual dos dois pintou mais partes do corpo da centopeia? _____

b) Represente com uma fração as partes do corpo da centopeia que Júlio pintou e, depois, faça o mesmo para representar as partes do corpo da centopeia que Lúcia pintou.

Júlio ▶ ☐   Lúcia ▶ ☐

c) Agora, compare as frações de mesma unidade escrevendo entre elas *é maior que* ou *é menor que*.

- $\dfrac{3}{11}$ _____ $\dfrac{6}{11}$ • $\dfrac{8}{11}$ _____ $\dfrac{5}{11}$

2 Resolva o problema.

Marilu está fazendo salgadinhos para uma festa. Ela colocou $\dfrac{1}{4}$ de 1 quilograma de farinha de trigo na panela. Ela colocou mais ou menos de meio quilograma de farinha na panela? _____

- Agora, responda: $\dfrac{1}{4}$ de quilograma é maior ou menor que $\dfrac{1}{2}$ de quilograma? _____

Adição com frações

1 Calcule o resultado de cada adição com frações.

a) $\dfrac{1}{5} + \dfrac{2}{5} =$ ☐

b) $\dfrac{1}{3} + \dfrac{2}{3} =$ ☐

c) $\dfrac{3}{8} + \dfrac{3}{8} =$ ☐

d) $\dfrac{3}{10} + \dfrac{5}{10} + \dfrac{1}{10} =$ ☐

e) $\dfrac{4}{6} + \dfrac{2}{6} + \dfrac{1}{6} =$ ☐

f) $\dfrac{1}{9} + \dfrac{4}{9} + \dfrac{2}{9} =$ ☐

2 Responda às questões.

Fabi usou $\dfrac{1}{8}$ de seu salário para pagar uma dívida, $\dfrac{3}{8}$ com alimentação e $\dfrac{2}{8}$ com o aluguel da casa em que mora.

O que sobrou do salário, Fabi guardou na poupança.

a) Que fração do salário corresponde aos gastos com alimentação e aluguel da casa? ☐

b) Que fração do salário corresponde aos gastos com a dívida, a alimentação e o aluguel da casa? ☐

c) Que fração do salário corresponde ao que Fabi guardou na poupança? ☐

3 Observe a ilustração e escreva a fração que representa cada parte colorida da figura.

Parte amarela da figura ▶ ☐

Parte verde da figura ▶ ☐

Parte azul da figura ▶ ☐

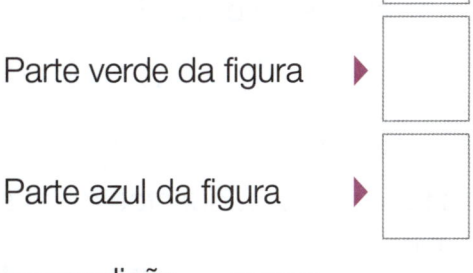

- Agora, responda à questão fazendo uma adição com frações. Que fração corresponde à parte pintada de verde e à de amarelo juntas? ☐

Subtração com frações

1 Calcule o resultado de cada subtração com frações.

a) $\dfrac{8}{9} - \dfrac{4}{9} =$ ☐

b) $\dfrac{15}{18} - \dfrac{8}{18} =$ ☐

c) $\dfrac{7}{8} - \dfrac{2}{8} =$ ☐

d) $\dfrac{10}{10} - \dfrac{5}{10} =$ ☐

e) $\dfrac{4}{6} - \dfrac{1}{6} =$ ☐

f) $\dfrac{13}{16} - \dfrac{6}{16} =$ ☐

g) $\dfrac{35}{100} - \dfrac{12}{100} =$ ☐

h) $\dfrac{4}{7} - \dfrac{2}{7} - \dfrac{1}{7} =$ ☐

i) $\dfrac{54}{72} - \dfrac{13}{72} =$ ☐

2 Complete.

Juca já vendeu $\dfrac{7}{12}$ dos vasos de flores de sua floricultura.

a) A fração que corresponde ao total de vasos de flores é ☐.

b) Faltam ☐ dos vasos de flores para Juca vender.

c) Escreva uma subtração com frações que represente a quantidade de vasos de flores que falta para Juca vender.

_____

3 Responda às questões.

Em uma classe, $\dfrac{3}{5}$ dos alunos são meninos.

a) Que fração da classe corresponde às meninas? ☐

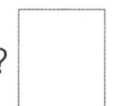

b) Elas representam a metade, menos da metade ou mais da metade do número de alunos da classe?

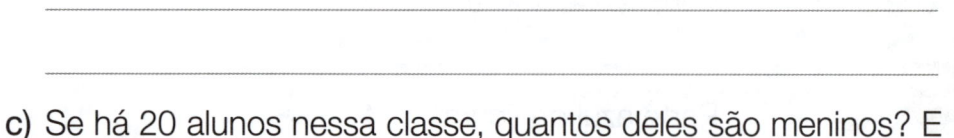

_____
_____

c) Se há 20 alunos nessa classe, quantos deles são meninos? E quantos são meninas?

_____
_____

Frações e porcentagem

1 Complete o quadro.

Fração	Porcentagem	Como lemos a porcentagem
$\frac{30}{100}$		trinta por cento
$\frac{18}{100}$		
	2%	

2 Observe o gráfico e responda às questões.

O gráfico mostra as preferências por esportes de um grupo de 100 crianças.

a) Qual é a porcentagem das crianças que preferem vôlei?

_____

b) Qual é a porcentagem das crianças que preferem natação? _____

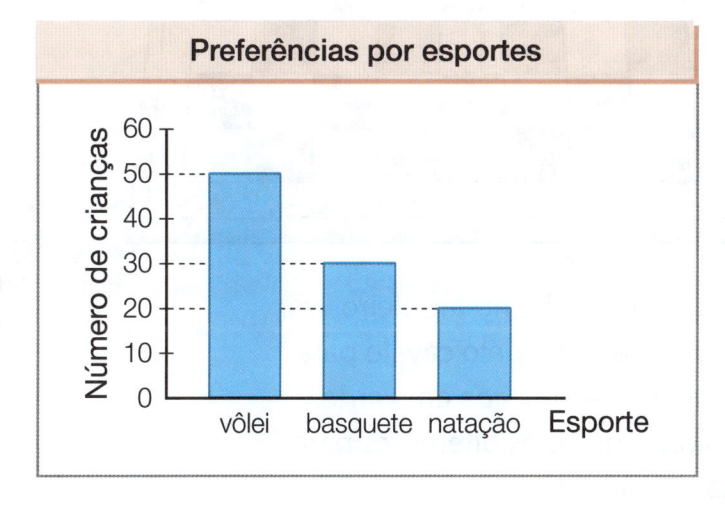

c) O número de alunos que preferem vôlei é igual, maior ou menor que a metade do total? _____

3 Resolva o problema.

Camila quer comprar duas bolsas que custam 100 reais cada uma. Se ela pagar à vista, terá um desconto de 15%. Quantos reais Camila pagará pelas bolsas, no total, se o pagamento for à vista?

R$ 100,00

R$ 100,00

Camila pagará _____ reais pelas bolsas.

QUEBRA-CUCA

O cavalo

No jogo de xadrez, o cavalo se movimenta formando a letra L.
Observe os oito possíveis movimentos diferentes que ele pode fazer:

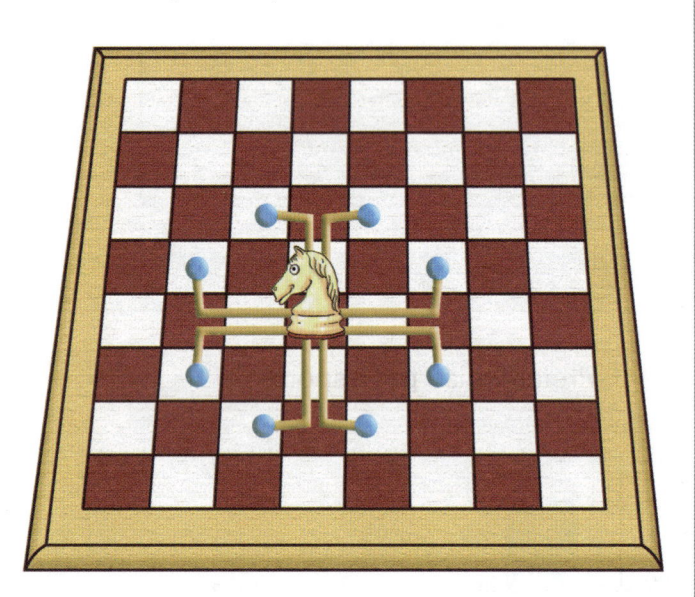

Agora, desenhe no tabuleiro um caminho seguido pelo cavalo para chegar à casa indicada em verde. Use linhas de cores diferentes para cada movimento.

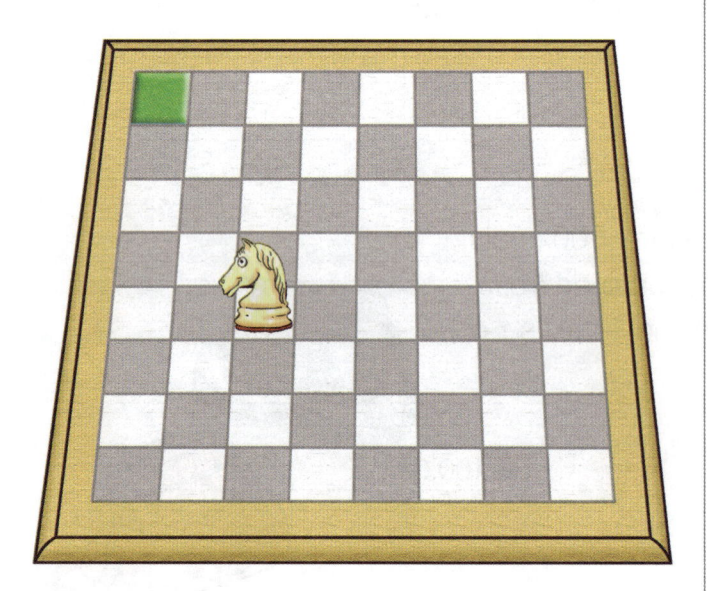

Abelha matemática

A abelha deseja seguir o caminho certo para chegar à flor onde está seu alimento. Descubra a flor em que a abelha está e a flor onde está o alimento.

1º Ligue o número da flor em que a abelha está ao seu triplo subtraído de 2.

2º Subtraia 11 e ligue ao resultado.

3º Subtraia sua metade, acrescente 1 e ligue ao resultado.

4º Multiplique por 3 e ligue.

5º Divida por 3, acrescente 6 e ligue à flor onde está o alimento.

5 19 7 15 11 8

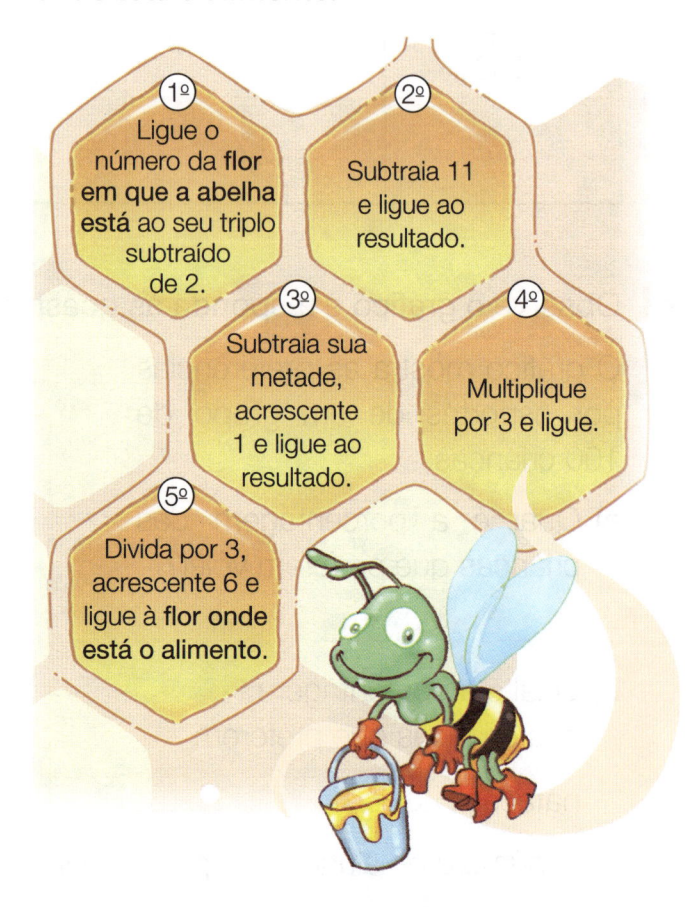

A abelha saiu da flor _____ e encontrou o alimento na flor _____.

PARA RECORDAR — UNIDADE 8: Números na forma decimal

Décimos, centésimos e milésimos

Representação na forma de fração	Representação na forma decimal	Como lemos
$\frac{1}{10}$	0,1	um décimo
$\frac{7}{10}$	0,7	sete décimos
$\frac{1}{100}$	0,01	um centésimo
$\frac{26}{100}$	0,26	vinte e seis centésimos
$\frac{1}{1000}$	0,001	um milésimo
$\frac{128}{1000}$	0,128	cento e vinte e oito milésimos

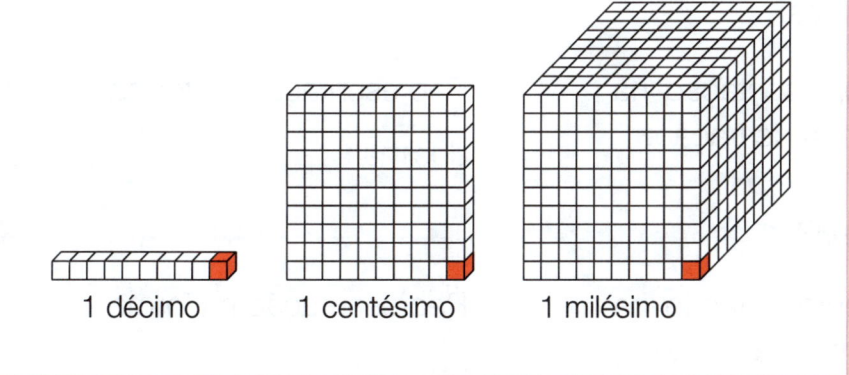

1 décimo   1 centésimo   1 milésimo

Medições e números na forma decimal

1 kg = 1 000 g   1 m = 100 cm
0,001 kg = 1 g   0,01 m = 1 cm

1 ℓ = 1 000 mℓ
0,001 ℓ = 1 mℓ

Centésimos e centavos do real

1 centavo do real (R$ 0,01) é o mesmo que $\frac{1}{100}$ do real.

Adição com números na forma decimal

1,341 + 13,8

```
    1
   1,3 4 1
 + 1 3,8 0 0
 ─────────────
   1 5,1 4 1
```

Subtração com números na forma decimal

216,48 − 112,5

```
         5
   2 1 6,14 8
 − 1 1 2,5 0
 ─────────────
   1 0 3,9 8
```

O sistema de numeração e a forma decimal

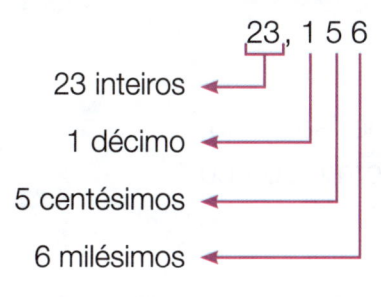

23,156

23 inteiros
1 décimo
5 centésimos
6 milésimos

Uma forma de ler ▶ vinte e três inteiros, um décimo, cinco centésimos e seis milésimos

Decomposição ▶ 23,156 = 23 + 0,1 + 0,05 + 0,006

Décimos

1 Ligue cada número do quadro azul com sua representação na forma de fração e na forma decimal.

0,1   0,2   0,7

um décimo   sete décimos   dois décimos

$\frac{2}{10}$ $\frac{1}{10}$ $\frac{7}{10}$

2 Escreva a representação, na forma de fração e na forma decimal, da parte pintada de cada figura. Depois, escreva como as lemos.

a) 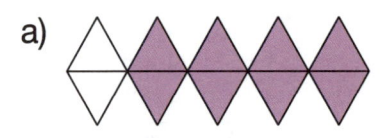 Representação na forma de fração: ☐   Representação na forma decimal: _____

Lemos: _____

b) 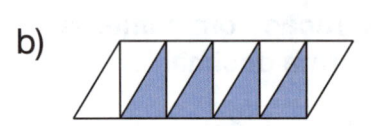 Representação na forma de fração: ☐   Representação na forma decimal: _____

Lemos: _____

c)  Representação na forma de fração: ☐   Representação na forma decimal: _____

Lemos: _____

3 Responda à questão.

Bianca fez um pudim e dividiu-o em 10 partes iguais. Guilherme, seu filho, comeu 3 desses pedaços. A quantidade de pedaços que Guilherme comeu corresponde a quantos décimos do pudim?

_____

Centésimos

1 Pinte um mosaico na malha a seguir usando as cores verde, amarela e azul. Cada quadradinho da malha deve ter uma única cor.

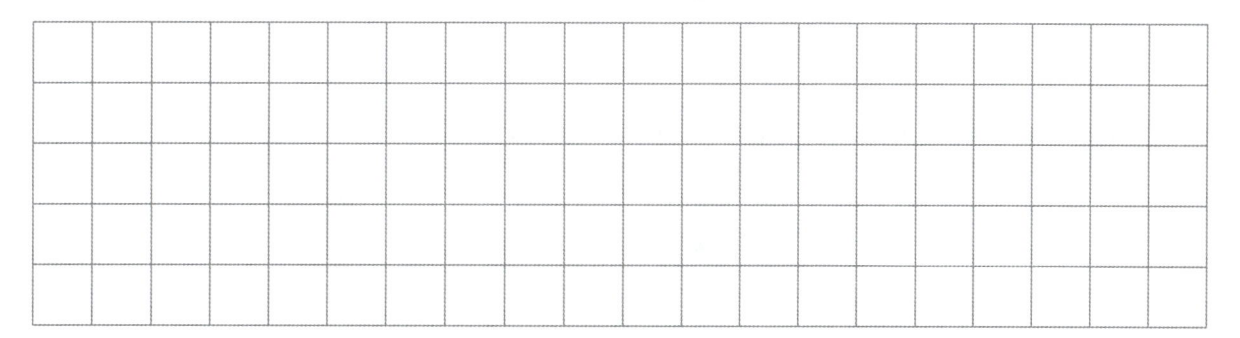

- Agora, observe o mosaico que você fez e complete as frases.

    a) _____ centésimos do mosaico estão pintados de verde.

    A representação na forma decimal dessa quantidade é _____.

    b) _____ centésimos do mosaico estão pintados de amarelo.

    A representação na forma decimal dessa quantidade é _____.

    c) _____ centésimos do mosaico estão pintados de azul.

    A representação na forma decimal dessa quantidade é _____.

2 Escreva como lemos cada número.

a) 0,36 ▶ _____

b) 0,45 ▶ _____

c) 0,62 ▶ _____

3 Leia e marque com um **X** as alternativas corretas.

A escola de Tânia organizou um passeio ao zoológico. Das 100 crianças que foram ao zoológico, 65 eram meninos.

☐ A fração $\frac{35}{100}$ representa o número de meninas que foram ao zoológico.

☐ 0,65 das crianças que foram ao zoológico eram meninas.

☐ 35 centésimos das crianças que foram ao zoológico eram meninas.

☐ A fração $\frac{63}{100}$ representa o número de meninos que foram ao zoológico.

Centésimos e centavos do real

1 Marque com um **X** a resposta certa.

a) Quantas moedas de R$ 0,01 são necessárias para formar R$ 2,00?

☐ 100   ☐ 200   ☐ 300   ☐ 400

b) Que moeda corresponde a um quarto de um real?

25 centavos ☐   50 centavos ☐   10 centavos ☐

2 Escreva a quantia por extenso e na forma decimal em cada caso.

a) (10 reais + 1 real + 25 centavos + 25 centavos + 10 centavos + 1 centavo)

Na forma decimal ▶ _____

Por extenso ▶ _____

b) (5 reais + 1 real + 1 real + 50 centavos + 25 centavos + 5 centavos + 5 centavos + 1 centavo + 1 centavo)

Na forma decimal ▶ _____

Por extenso ▶ _____

3 Leia as dicas e descubra o presente que Marcelo comprou para sua namorada.

◆ **Dicas**

O preço do presente da namorada de Marcelo:
- tem o algarismo do centésimo do real igual a 9;
- tem a parte inteira com dois algarismos;
- é menor que 43 reais.

Marcelo comprou _____.

Bombons — R$ 8,99
Perfume — R$ 48,89
Blusa — R$ 29,99
Urso de pelúcia — R$ 25,50

Milésimos

1 Escreva como lemos cada número.

a) 0,004 ▶ _____

b) 0,503 ▶ _____

c) $\dfrac{68}{1000}$ ▶ _____

d) $\dfrac{343}{1000}$ ▶ _____

2 Represente na forma decimal.

a) $\dfrac{6}{100}$ = _____

b) $\dfrac{6}{10}$ = _____

c) $\dfrac{12}{100}$ = _____

d) $\dfrac{12}{1000}$ = _____

e) $\dfrac{39}{100}$ = _____

f) $\dfrac{39}{1000}$ = _____

3 Represente na forma de fração.

a) 0,25 = ☐

b) 0,003 = ☐

c) 0,083 = ☐

d) 0,9 = ☐

e) 0,71 = ☐

f) 0,125 = ☐

4 Leia o texto e complete.

Na disputa pelo primeiro lugar em uma corrida de fórmula 1, o segundo colocado ficou *oitocentos e trinta e quatro milésimos de segundo* atrás do primeiro colocado. Escreva esse tempo na forma de fração e na forma decimal.

Forma de fração ▶ ☐ de segundo.

Forma decimal ▶ _____ de segundo.

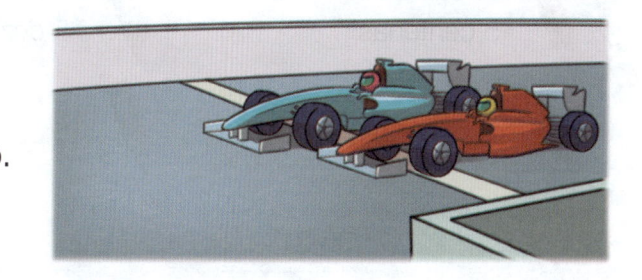

O sistema de numeração e a forma decimal

1 Observe os números e complete o quadro.

| 1,008 | 145,9 | 18,085 | 2,06 | 601,302 |

C	D	U	d	c	m	Como lemos
		1,	0	0	8	um inteiro e oito milésimos

2 Complete as decomposições com o valor de cada algarismo nos números.

a) 4,126 = _____ + _____ + _____ + _____

b) 35,695 = _____ + _____ + _____ + _____ + _____

c) 730,418 = _____ + _____ + _____ + _____ + _____ + _____

3 Observe o valor do dígito 5 em cada número e pinte cada placa conforme a legenda.

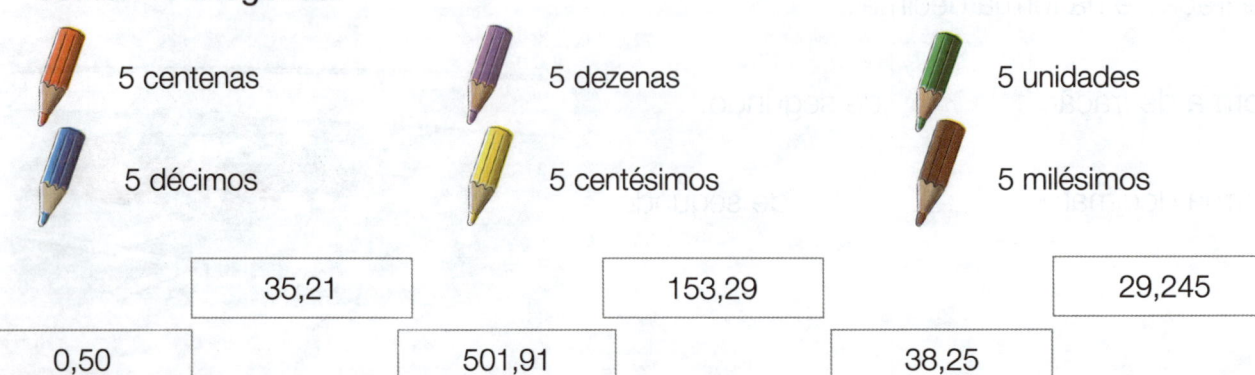

- 5 centenas
- 5 dezenas
- 5 unidades
- 5 décimos
- 5 centésimos
- 5 milésimos

| 35,21 | 153,29 | 29,245 |
| 0,50 | 501,91 | 38,25 |

Medições e números na forma decimal

1 Responda às questões.

a) 1 centésimo de 1 metro corresponde a quantos centímetros? _____

b) 1 décimo de 1 metro corresponde a quantos centímetros? _____

c) 10 centésimos de 1 metro correspondem a quantos centímetros?

_____

2 Complete as frases.

a) Caio comeu 130 gramas de pão de queijo no lanche da tarde, ou seja, ele comeu _____ quilogramas de pão de queijo.

b) Samuel comprou 0,750 kg de linguiça para fazer um churrasco. Então, ele comprou _____ g de linguiça.

c) Marta correu 1 décimo de 1 quilômetro, ou seja, _____ metros.

d) Vanessa tomou 500 mℓ de suco de maracujá, ou seja, _____ ℓ de suco.

e) Joana comprou 1,650 ℓ de amaciante no mercado. Então, ela comprou _____ mℓ desse produto.

3 Em cada caso, pinte as placas necessárias para compor o valor pedido.

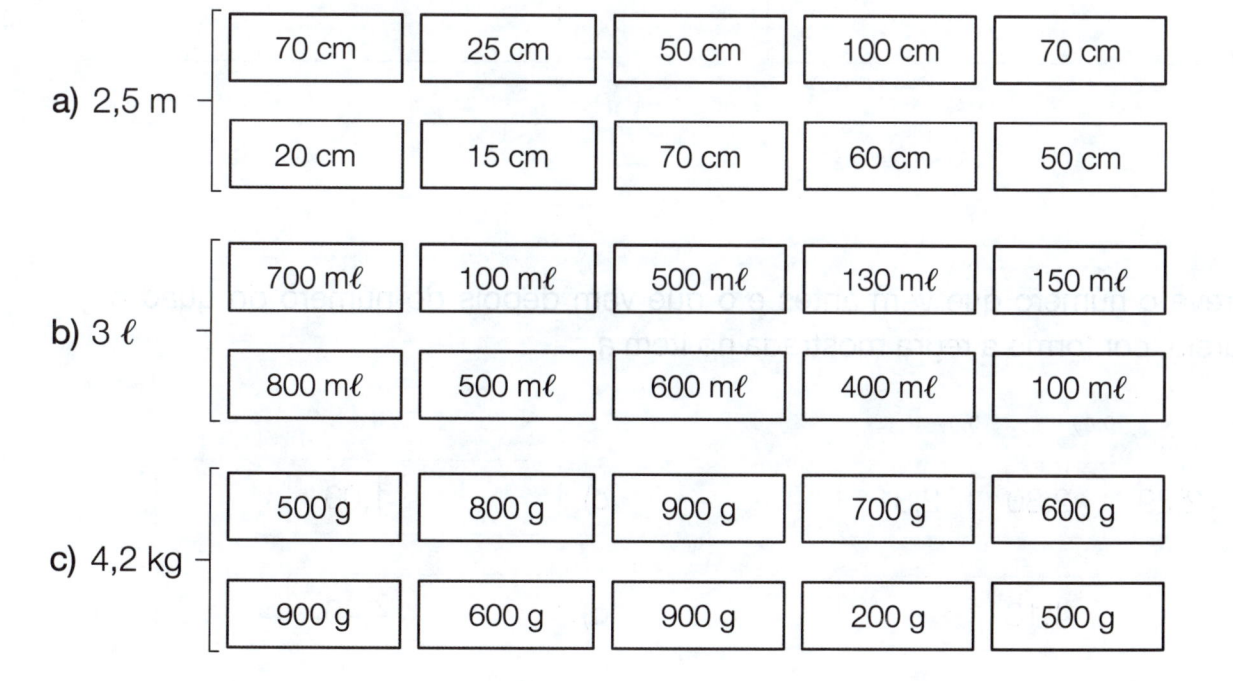

a) 2,5 m

70 cm	25 cm	50 cm	100 cm	70 cm
20 cm	15 cm	70 cm	60 cm	50 cm

b) 3 ℓ

700 mℓ	100 mℓ	500 mℓ	130 mℓ	150 mℓ
800 mℓ	500 mℓ	600 mℓ	400 mℓ	100 mℓ

c) 4,2 kg

500 g	800 g	900 g	700 g	600 g
900 g	600 g	900 g	200 g	500 g

Unidade 8

A reta numérica e os números na forma decimal

1 Observe a reta numérica a seguir e descubra os números cujas posições estão indicadas pelas setas vermelhas.

Esta reta apresenta os números de 0 a 1. Ela está dividida em 100 partes iguais, e cada parte representa 1 centésimo (0,01).

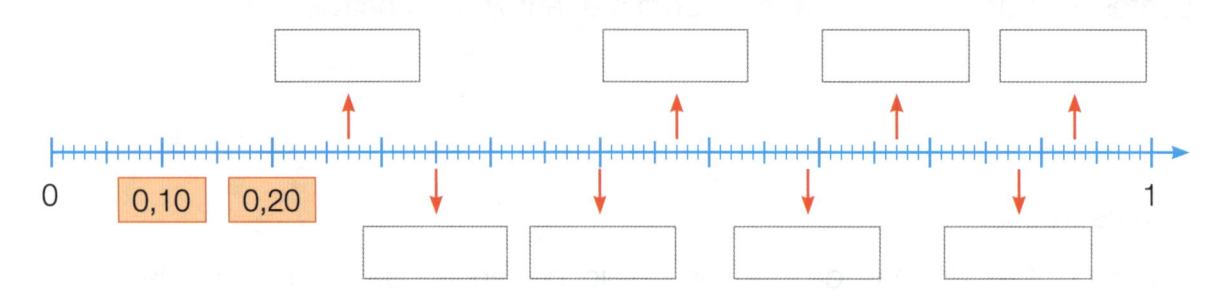

2 Complete com > (maior que) ou < (menor que).

a) 13,5 _____ 13,7   c) 74,295 _____ 74,298   e) 1,04 _____ 1,01

b) 0,06 _____ 0,04   d) 0,25 _____ 0,20   f) 35,15 _____ 35,07

3 Use uma régua para medir o comprimento de cada traço em milímetros e em centímetros.

a)

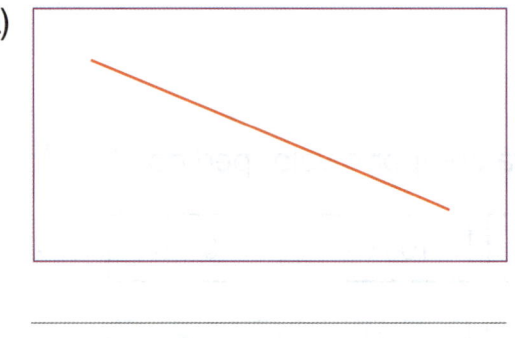

b)

4 Escreva o número que vem antes e o que vem depois do número do quadro amarelo, conforme a regra mostrada no item *a*.

a) 2,29 | 2,30 | 2,31

b) ____ | 4,18 | ____

c) ____ | 1,00 | ____

d) ____ | 4,40 | ____

Adição com números na forma decimal

1 Calcule o resultado de cada adição.

a) 7,5
 + 3,5

b) 28,25
 + 13,50

c) 81,125
 + 9,875

d) 124,25
 + 78,10

e) 219,183
 +   7,400

f) 344,15
 + 65,18

2 Resolva o problema.

Fernando viajou de motocicleta do Rio de Janeiro a São Paulo. Após percorrer 317,4 km, ele fez uma parada para comer um lanche e abastecer a motocicleta. Observe a ilustração com a quilometragem registrada no início da viagem e descubra a quilometragem da motocicleta nessa parada.

Quilometragem do início da viagem: 1569,7 km

_____

_____

3 Complete sabendo que cada quadro contém a soma dos dois números imediatamente abaixo dele.

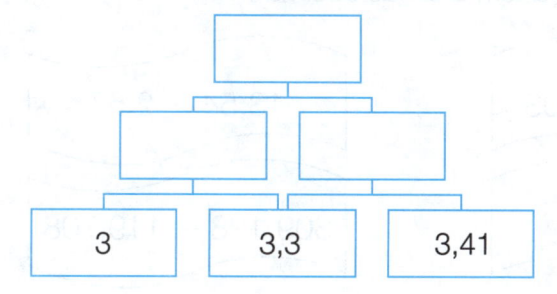

3   3,3   3,41

Subtração com números na forma decimal

1 Calcule o resultado de cada subtração.

a) 8,6
   − 4,7

b) 52,73
   − 5,42

c) 56,854
   − 24,381

d) 42,78
   − 18,95

e) 129,50
   − 71,28

f) 23,453
   − 18,305

2 Observe os produtos que Samanta e Samuel querem comprar e responda às questões.

Samanta: R$ 13,20 — R$ 9,35 — R$ 2,80

Samuel: R$ 4,99 — R$ 7,29 — R$ 12,40

a) Samanta tem R$ 30,00. Sobrará ou faltará dinheiro para ela comprar os produtos que separou? Quanto?

b) Samuel tem R$ 20,00. Sobrará ou faltará dinheiro para ele comprar os produtos que separou? Quanto?

3 Calcule mentalmente e pinte conforme a legenda.

resultado menor que 10

diferença tem 2 casas decimais

12,25 − 3,25

18,703 − 12,703

13,54 − 2,57

27,9 − 12,09

8,01 − 8,01

309,128 − 119,708

QUEBRA-CUCA

Animais de estimação

Bia, Cris e Flávia têm um animal de estimação cada uma: um gato, um cachorro e um coelho, não necessariamente nessa ordem. A professora delas perguntou quem tinha qual bicho. Veja o que Cris e Flávia disseram:

Cris: Eu não tenho um coelho.

Flávia: Eu tenho um cão! Não conheço o animal da Bia.

Agora responda: quem é a dona de cada bicho?

A dona do 🐰 é a _____,

a dona do 🐱 é a _____,

e a dona do 🐶 é a _____.

Quem lavará a louça?

Seis amigos, sentados em volta de uma mesa redonda, resolvem fazer um sorteio para decidir quem lavará a louça. O número 9 é então sorteado, e eles combinam de seguir as regras abaixo. Quem lavará a louça?

Regras
- Conta-se até 9 apontando 1 a 1 os 6 amigos.
- A 1ª pessoa a ser apontada é Miguel, e a contagem deve ser feita no sentido em que os ponteiros do relógio se movem.
- A pessoa apontada pelo número 9 fica livre.
- Ela então sai, e conta-se até 9 mais uma vez, a partir da pessoa seguinte à que saiu, e assim por diante até sobrar uma pessoa.

A louça será lavada por _____.

PARA RECORDAR — **UNIDADE 9** — **Mais grandezas e medidas**

Unidades de medida de tempo

Dia, hora, minuto e segundo

Indicamos:

- 1 hora por 1 h
- 1 minuto por 1 min
- 1 segundo por 1 s

1 dia = 24 h

1 h = 60 min

1 min = 60 s

Milênio, século, década e ano

1 milênio = 1 000 anos

1 século = 100 anos

1 década = 10 anos

Unidades de medida de massa

Tonelada, quilograma, grama e miligrama

Indicamos:

- 1 tonelada por 1 t
- 1 quilograma por 1 kg
- 1 grama por 1 g
- 1 miligrama por 1 mg

1 t = 1 000 kg

1 kg = 1 000 g

1 g = 1 000 mg

Unidades de medida de capacidade

Litro e mililitro

Indicamos:

- 1 litro por 1 ℓ
- 1 mililitro por 1 mℓ

1 ℓ = 1 000 mℓ

Dia, hora e minuto

1 Ligue as fichas que correspondem ao mesmo intervalo de tempo.

| 720 minutos | 5 horas | 1 dia e meio |

| 36 horas | meio dia | 300 minutos |

2 Resolva o problema.

Regina, Juliana, Murilo e Gabriel participaram de uma corrida de revezamento. A corrida começou às 13 horas. Regina correu por 15 minutos, Juliana correu por 25 minutos, Murilo correu por 20 minutos e Gabriel correu por 30 minutos. A que horas eles terminaram a corrida?

Eles terminaram a corrida às _____.

3 Responda à questão.

Renato nasceu às 8 horas da manhã do dia 5 de dezembro. Sua prima, Bruna, nasceu 12 horas e 30 minutos antes dele. Em que dia e a que horas nasceu Bruna?

Bruna nasceu no dia _____ de _____, às _____.

Minuto e segundo

1 Responda à questão.

Heitor gastou 2 minutos e meio para escovar os dentes (sem se esquecer de fechar a torneira da pia!). Quantos segundos ele demorou para escovar os dentes?

_____

2 Complete.

a) 3 min = _____ s

b) $\frac{1}{3}$ de 1 min = _____ s

c) 7 min = _____ s

d) 300 s = _____ min

e) $\frac{1}{5}$ de 1 min = _____ s

f) 600 s = _____ min

3 Resolva o problema.

Silvana participou de uma prova de ciclismo em que tinha que dar 5 voltas na pista.

Quanto tempo ela levou para completar a prova?

SILVANA	
1ª volta	3 min e 2 s
2ª volta	3 min e 10 s
3ª volta	2 min e 58 s
4ª volta	3 min e 5 s
5ª volta	3 min e 15 s
Tempo total	

Silvana levou _____ minutos e _____ segundos para completar a prova.

4 Estime o tempo que você leva para realizar cada atividade.

a) Tomar banho. ▶ _____

b) Arrumar a cama. ▶ _____

c) Ir até a escola. ▶ _____

d) Abrir um pacote de bolacha. ▶ _____

Milênio, século, década e ano

1 Complete.

a) 8 décadas = _____ anos

b) 5 séculos = _____ décadas

c) 3 milênios = _____ anos

d) 2 milênios = _____ séculos

2 Responda.

O famoso arquiteto brasileiro Oscar Niemeyer nasceu em 15 de dezembro de 1907 e morreu em 5 de dezembro de 2012. Ele viveu mais de um século ou menos de um século?

_____

Oscar Niemeyer, em 2011.

3 Observe as fotos e depois responda às questões.

| Primeira transmissão de televisão, em 1925 | Invenção do automóvel a gasolina, em 1885 | Invenção do telefone, em 1876 |

John Baird ao lado de sua invenção, o 1º aparelho de televisão, no Science Museum.

Modelo do primeiro automóvel a gasolina, o Benz Patent Motorwagen.

Reprodução do telefone de Graham Bell, de 1876.

a) Qual desses acontecimentos é o mais antigo? E o mais recente?

_____

_____

b) Quais desses acontecimentos têm mais de 1 século?

_____

_____

c) Quantas décadas, aproximadamente, separam o acontecimento mais antigo do mais recente?

_____

Tonelada, quilograma e grama

1 Resolva o problema calculando mentalmente.

Em um zoológico há 2 rinocerontes, um com massa igual a 1 500 kg e outro com massa igual a 2 500 kg. Qual é a massa, em tonelada, dos 2 rinocerontes juntos?

_____

2 Responda às questões.

Luana foi ao supermercado e comprou 5 pacotes de queijo ralado. Cada pacote contém 250 g de queijo.

a) Quantos gramas de queijo ralado ela comprou? _____

b) Ela comprou mais ou menos de 1 kg de queijo ralado? _____

3 Observe a massa de cada embalagem e calcule a massa, em grama, dos alimentos.

⬠ = 1 kg   ● = $\frac{1}{2}$ kg   ▭ = $\frac{1}{4}$ kg   ▱ = 200 g   ▲ = 100 g

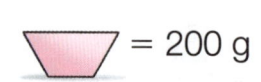

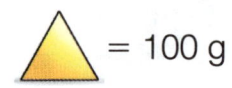

a)

b)

c)

d)

e)

f)

Grama e miligrama

1 Complete.

> Preciso de 1 grama de um produto, mas só tenho 500 mg dele. Faltam _____ mg desse produto.

2 Observe os produtos abaixo e complete.

Esta embalagem contém _____ mg de pó para fazer suco.

Esta embalagem contém _____ mg de pó para fazer gelatina.

3 Em cada caso, pinte as figuras que, juntas, completam exatamente 1 grama.

a) 3 000 mg   300 mg   600 mg   250 mg   100 mg

b) 850 mg   1 500 mg   150 mg   2 500 mg   8 500 mg

4 Complete.

a) 3 g = _____ mg

b) 6 000 mg = _____ g

c) 1,5 g = _____ mg

d) 18 000 mg = _____ g

e) 8 500 mg = _____ g

f) 4 g = _____ mg

g) 12 000 mg = _____ g

h) $\frac{1}{4}$ g = _____ mg

Litro e mililitro

1 Faça estimativas e escreva a unidade de medida de capacidade adequada em cada caso: mℓ ou ℓ.

a)

250 _____

Leite na mamadeira

b)

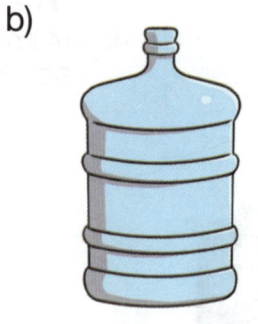

20 _____

Água do galão

2 Resolva o problema.

Para a limpeza dos vidros de um prédio, foram usadas 8 embalagens de 250 mililitros de detergente. Quantos litros foram usados ao todo?

Foram usados ao todo _____ litros de detergente.

3 Calcule mentalmente.

Se a torneira de uma pia ficar aberta por 1 minuto, serão usados 6 litros de água. Se essa torneira ficar aberta por 5 minutos, quantos litros de água serão usados?

_____

4 Cada jarra tem 1 litro de capacidade. Pinte a quantidade que completa 1 litro em cada caso.

a)

700 mℓ

900 mℓ

b)

400 mℓ

600 mℓ

c)

500 mℓ

300 mℓ

QUEBRA-CUCA

Jogo de palavras

Paulinho foi desafiado a resolver um jogo com palavras. O jogo começou com a palavra CURVA e terminou com a palavra GESTO. A regra do jogo é que a cada palavra da sequência (de cima para baixo) só pode mudar uma única letra. Você deve preencher na ordem certa as 3 palavras que faltam. Use as palavras do *Banco de palavras*.

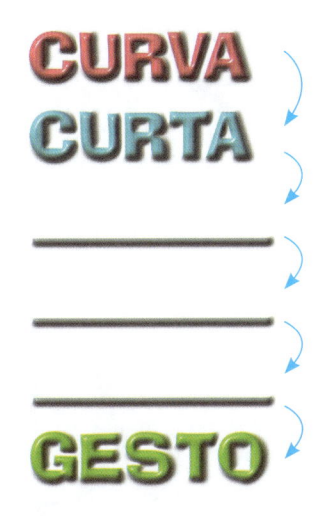

CURVA
CURTA
_____
_____
GESTO

A letra __V__ mudou para __T__.
A letra _____ mudou para _____.
A letra _____ mudou para _____.
A letra _____ mudou para _____.
A letra _____ mudou para _____.

Banco de palavras

CESTA
CERTA
CESTO

Quem é cão quer casa

Cinco cãezinhos – Mel, Flocão, Briguento, Feroz e Coceira – moram em cinco casas vizinhas. Descubra quem mora em qual casa seguindo as dicas dos próprios cãezinhos.

- Moro antes da 3ª casa.
- Moro na 4ª casa.
- Eu não preciso dar nenhuma dica.
- Moro depois da casa de Flocão.
- Moro em uma casa antes da de Mel.

Mel — Flocão — Briguento — Feroz — Coceira

1ª casa 2ª casa 3ª casa 4ª casa 5ª casa